职业教育汽车专业"十三五"规划系列教材

U0694303

QICHE DIANQI SHEBEI SHIYONG YU WEIXIU

汽车电气设备使用与维修

主　编　胡立光

副主编　左文林　赵连勇

参　编　肖耀文　倪海腾　谢立果　宋燕娜

重庆大学出版社

内容提要

本书共 10 个学习项目,内容涵盖汽车电气设备的电源系统、起动系统、点火系统、灯光系统、汽车仪表、刮水器、电动车窗、喇叭、中控门锁与防盗系统,以及电动后视镜和电动座椅等基础知识、主要部件的结构与工作原理,以及常见故障的检修。每个学习任务都选自企业一线的典型工作任务,围绕完成典型工作任务展开教学。其目的在于培养中职汽车运用与维修专业学生对汽车电气设备进行维护以及完成常见故障检修的职业能力。本书图文并茂,内容深入浅出、通俗易懂。

本书既可用于中等职业学校汽车电气设备模块一体化教学,也可作为汽车类专业培训教材和汽车专业维修技术人员的入门及提高书籍。

图书在版编目(CIP)数据

汽车电气设备使用与维修 / 胡立光主编.--重庆:
重庆大学出版社,2019.7
职业教育汽车专业"十三五"规划系列教材
ISBN 978-7-5689-1586-1

Ⅰ.①汽… Ⅱ.①胡… Ⅲ.①汽车—电气设备—使用
—中等专业学校—教材②汽车—电气设备—车辆修理—中
等专业学校—教材   Ⅳ.①U463.6

中国版本图书馆 CIP 数据核字(2019)第 103742 号

职业教育汽车专业"十三五"规划系列教材
汽车电气设备使用与维修
主 编 胡立光
副主编 左文林 赵连勇
策划编辑:章 可
责任编辑:李定群   版式设计:章 可
责任校对:万清菊   责任印制:赵 晟
*
重庆大学出版社出版发行
出版人:饶帮华
社址:重庆市沙坪坝区大学城西路 21 号
邮编:401331
电话:(023) 88617190 88617185(中小学)
传真:(023) 88617186 88617166
网址:http://www.cqup.com.cn
邮箱:fxk@ cqup.com.cn(营销中心)
全国新华书店经销
重庆共创印务有限公司印刷
*
开本:787mm×1092mm 1/16 印张:11 字数:254千
2019 年 7 月第 1 版   2019 年 7 月第 1 次印刷
ISBN 978-7-5689-1586-1 定价:39.00 元

　　本书是职业教育汽车专业"十三五"规划系列教材之一,基于中等职业学校工学结合课程改革需要,依据《中等职业学校汽车运用与维修专业领域技能型紧缺人才培养指导方案》《中等职业学校汽车运用与维修专业教学指导方案》和《广东省中等职业学校汽车运用与维修专业教学指导方案(试行)》,并参照交通部《机动车维修从业人员从业资格条件》和有关汽车维修企业标准进行编写的。

　　"汽车电气设备系统"作为汽车的主要组成部分,是汽车运用与维修专业中不可缺少的一门专业核心课。根据市场对人才的要求,中职教育将培养综合职业能力作为人才培养目标,本书力求将理论基础和实践应用完美结合。本书编写的指导思想是:

　　1.以学生为主体

　　"以学生为主体"是从认知规律出发,尊重学生的经验,鼓励学生探究学习;强调学生在学习过程中充分发挥自己的能动作用,对简单的知识完全有能力通过自己去发现、去掌握。

　　2.以能力为本位

　　"以能力为本位"是从解决工作问题的角度出发,选择典型工作任务作为学习任务,学生在完成这些学习任务的过程中学会学习和学会工作。

　　3.以行动为导向

　　"以行动为导向"是以学习任务为载体,学生在完成学习任务的过程中学会运用相关的理论知识来完成工作任务,学习过程中以自主学习为主体。

　　本书在内容上突出了基础理论知识的应用和实践能力的培养,从典型工作任务出发,全面、系统地介绍了汽车电气设备的电源系统、起动系统、点火系统、灯光系统,汽车仪表、刮水器、电动车窗、喇叭、中控门锁与防盗系统,以及电动后视镜和电动座椅等基础知识、主要部件的结构与工作原理,以及常见故障的检修。

　　本书图文并茂,内容深入浅出、通俗易懂,专业教学学时数建议为144学时。

　　本书由广州黄埔职业技术学校胡立光任主编,左文林、赵连勇任副主编。广州黄埔职业技术学校肖耀文、倪海腾,广州市番禺职业技术学校谢立果,以及广东省科技职业技术学校宋燕娜参编。其中,倪海腾编写项目一,谢立果、胡立光编写项目二,肖耀文、胡立光编写项目三,宋燕娜编写项目四,胡立光编写项目五、项目七、项目十,左文林编写项目六、项目八、项目九。全书由胡立光统稿。本书在编写过程中得到了广汽丰田、安骓别克、一汽-大众等多家汽车维修企业专家的大量技术支持,在此一并表示感谢!

　　由于编者水平有限,书中难免有不妥之处,恳请使用本书的教师和学生批评指正。

编　者

2019 年 2 月

CONTENTS 目 录

项目一 | 汽车仪表的认知

汽车仪表是指各种仪表、指示灯、警示报警灯等。汽车仪表为驾驶员提供所需的汽车运行参数信息，是反映车辆各系统工作状况的装置。作为汽车维修人员，应会识读汽车仪表，并能根据仪表的指示识别车辆的工作状况。

任务分解图：

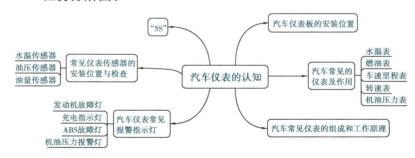

学习目标：

- 知道汽车仪表板的安装位置、组成及功能；
- 熟悉燃油表、水温表、机油压力表、车速里程表、转速表等典型仪表的作用和工作原理；
- 熟悉典型仪表传感器的安装位置及检修。

学习任务一 了解汽车仪表

某车主反映,车辆在行驶过程中,仪表盘上有灯在闪烁,感觉车辆出现了异常情况。作为维修人员,有必要学会识别汽车仪表,并根据仪表指示识别车辆的工作状况。

【知识准备】

一、汽车仪表的安装位置

汽车仪表安装于驾驶室内,如图1-1所示。

图1-1　汽车仪表的安装位置

二、汽车的基本仪表

不同的汽车,其仪表种类和形状不尽相同。但是,一般都包含图1-2中的基本仪表。现代汽车仪表盘上还制作了各式各样的指示灯或警报灯。

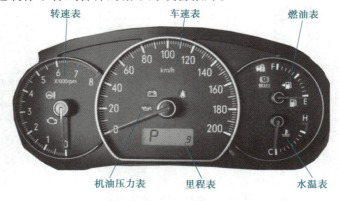

图1-2　汽车仪表

1.水温表

水温表用来指示发动机冷却水的工作温度。它由装在仪表板上的水温表头和装在汽缸盖上的水温传感器组成,如图 1-3 所示。水温表头主要有双金属片式和电磁式。发动机正常工作温度为 80~90 ℃。

图 1-3　水温表的组成

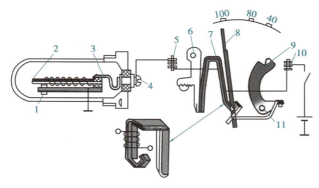

图 1-4　水温表的工作原理
1—固定触点;2,7—双金属片;3—接触片;4,5,10—接线柱;
6,9—调节齿扇;8—指针;11—弹簧片

水温表的工作原理如图 1-4 所示。当水温很低时,双金属片 2 经加热变形向上弯曲,触点分开,由于四周温度较低,很快冷却,触点又重新闭合。因此,流经加热线圈的平均电流大,指示表中双金属片 7 变形大,指针指向低温。当水温增高时,传感器密封套筒内温度也增高,因此,双金属片受热变形后,冷却的速度降慢,故触点分离时间增长,触点闭合时间缩短,流经加热线圈的平均电流减小,双金属片 7 变形减小,指针偏转小,指示较高温度。

2.燃油表

燃油表用来指示燃油箱的存油量。它一般由装在仪表板上的燃油指示表头和装在油箱内的油量传感器组成,如图 1-5 所示。燃油表头可分为电磁式和电热式两种。油量传感器采用滑片电阻式液面传感器。其工作原理如图 1-6 所示。

图 1-5　燃油表的组成

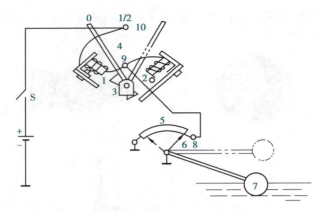

图 1-6　电磁式燃油表的工作原理
1—左线圈（L_1）;2—右线圈（L_2）;3—转子;
4—指针;5—可变电阻;6—滑片;7—浮子;8,9,10—接线柱

当点火开关置"ON"时,电流流向为蓄电池正极→点火开关 S→燃油表接线柱 10→左线圈 L_1→接线柱 9→右线圈 L_2→搭铁→蓄电池负极。同时,电流流向为接线柱 9→传感器接线柱 8→可变电阻 5→滑片 6→搭铁→蓄电池负极。左线圈 L_1 和右线圈 L_2 形成合成磁场,转子 3 就在合成磁场的作用下转动,使指针指在某一刻度上。当油箱无油时,浮子下沉,可变电阻 5 上的滑片 6 移至最右端,可变电阻 5 被短路,右线圈 L_2 也被短路,左线圈 L_1 的电流达最大值,产生的电磁吸力最强,吸引转子 3,使指针停在最左面的"0"位上。随着油箱中油量的增加,浮子 7 上浮,带动滑片 6 沿可变电阻 5 滑动。可变电阻 5 部分接入电路,左线圈 L_1 电流相应减小,而右线圈 L_2 中电流增大,转子 3 在合成磁场的作用下向右偏转,带动指针指示油箱中的燃油量。如果油箱半满,指针指在"1/2"位;当油箱全满时,指针指在"1"位。

3.车速里程表

车速里程表是显示车辆行驶速度和里程的一种仪器。车速里程表可分为车速表和里程表两部分。目前,车辆上常用的车速里程表为电子式。电子车速里程表是由步进电机驱动机械式里程记录机构(计数器),步进电机受控于装在变速箱内霍尔传感器的输出信号。它主要由车速传感器、电子电路、车速表及里程表 4 个部分组成。

● 车速传感器:由变速器驱动,其作用是产生正比于汽车行驶速度的电信号。如图 1-7 所示,它由一个舌簧开关和一个含有 4 对磁极的转子组成。转子每转一周,舌簧开关中的触点闭合 8 次,产生 8 个脉冲信号,汽车每行驶 1 km,车速传感器将输出 4127 个脉冲。

● 电子电路:将车速传感器送来的具有一定频率的电信号,经整形、触发,输出一个与车速成正比的电流信号。

● 车速表:实际上是一个磁电式电流表。当汽车以不同车速行驶时,从电子电路输出的与车速成正比的电流信号便驱动车速表指针偏转,即可指示相应的车速。

● 里程表:由一个步进电动机及 6 位数字的十进位齿轮计数器组成。步进电动机是一种利用电磁铁的作用原理将脉冲信号转换为线位移或角位移的电动机。车速传感器输出的

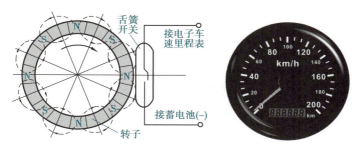

图 1-7 车速表的工作原理

频率脉冲,经分频,功率放大器放大到具有足够的功率,驱动步进电动机,带动 6 位数字的十进位齿轮计数器工作,从而积累行驶的里程。

4.机油压力表及传感器

机油压力表通称为机油表,指示发动机运转时润滑系统主油道润滑油的压力。机油压力表安装在组合仪表内,机油压力传感器安装在润滑主油道上。它由机油压力表和机油压力传感器两部分组成,如图 1-8 所示。目前,汽车基本上都已取消了机油压力表而用机油压力报警灯代替。

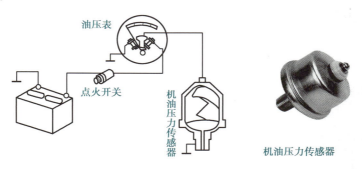

图 1-8 机油压力表的工作原理

5.转速表

为了检查和调整发动机,监视发动机的工作状况,更好地掌握换挡时机,大多数汽车都安装发动机转速表。转速表的信号源主要有两种:一种信号取自点火系统初级电路的脉冲电压;另一种信号则取自安装在飞轮壳上的转速传感器,如图 1-9 所示。

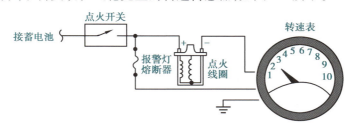

图 1-9 转速表的工作原理

【任务实施】

在实训车上，认识各种仪表。

（1）结合所学知识，将表1-1中各张图片对应的内容填写完整。

表1-1　各种仪表

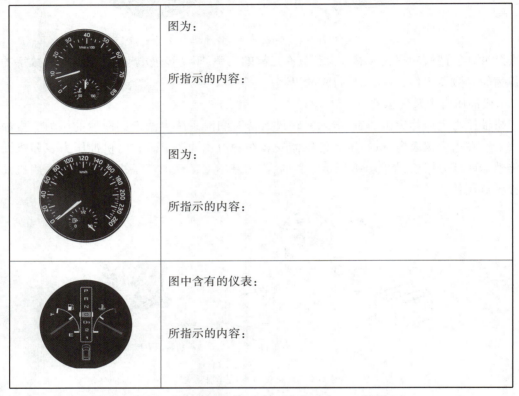

	图为： 所指示的内容：
	图为： 所指示的内容：
	图中含有的仪表： 所指示的内容：

（2）在实训车上找到表1-2中的仪表传感器，并完成表1-2的填写。

表1-2　传感器安装位置

名　　称	安装位置描述
水温传感器	
机油压力传感器	
车速传感器	
油量传感器	

【任务评价】

（1）完成表1-3的评价项目，并填写。

表 1-3 学习评价表

评价内容	记录要点
在本次学习任务中,你主要完成了哪些内容	车上查找: 水温表□ 机油压力表□ 车速表□ 燃油表□ 转速表□ 水温传感器□ 机油压力传感器□ 车速传感器□ 油量传感器□
在本次学习任务中,你还存在什么问题	
叙述各类汽车仪表的作用	
在学习过程中,你采取了哪些安全措施,请举例	

（2）简述水温表的工作原理。

学习任务二 / 了解汽车报警装置

为了指示汽车某系统的工作状况,引起驾驶员的注意,保证行车安全,防止事故发生,汽车上设置很多报警装置。报警装置指示灯一般都安装在仪表盘上。当汽车仪表盘上有指示灯点亮时,说明车辆的某些部位出现了故障,需要对故障部位进行诊断和排除。

【知识准备】

一、汽车常见报警指示灯

如图 1-10 所示为车上常见的故障报警指示灯。

发动机故障指示灯　　充电故障指示灯　　机油压力报警灯　　低燃油报警灯

ABS故障报警灯　　SRS故障报警灯　　未系安全带报警灯　　制动液位过低报警灯

图 1-10 常见报警指示灯

二、常见报警指示灯的工作原理

1.机油压力报警灯

当润滑系统的机油压力低于允许值时,报警灯亮,提醒驾驶员注意发动机的机油压力出现异常。机油压力警报装置的报警开关一般装在主油道上。机油压力报警灯的工作原理如图 1-11 所示。

2.燃油量报警灯

燃油量报警装置的作用是当油箱内燃油减小到规定值以下时,仪表板上的燃油量报警灯点亮,提醒驾驶员注意。它由热敏电阻式燃油报警传感器和报警灯组成,如图 1-12 所示。

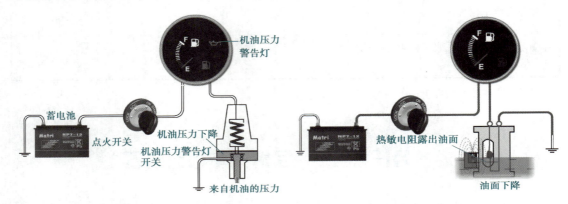

图 1-11　机油压力报警灯的工作原理　　　　图 1-12　燃油量报警灯的工作原理

3.液面不足报警灯

液面不足报警灯可用于检测制动液面、冷却液面和风窗洗涤器等液量是否符合要求。当液面下降到规定值以下时,将点亮报警灯报警。液面不足报警装置由液面传感器和报警灯组成。液面传感器安装在储液罐内。液面不足报警灯的工作原理如图 1-13 所示。

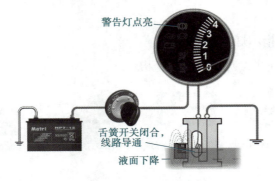

图 1-13　液面不足报警灯的工作原理

【任务实施】

在实训车上,认识各种报警指示灯。

(1)在实训车上找到表 1-4 中图示的仪表指示灯,并完成表 1-4 的填写。

表 1-4　指示报警灯查找

图　示	名　称	是否找到	图　示	名　称	是否找到
CHECK		是□ 否□			是□ 否□
		是□ 否□	(ABS)		是□ 否□
(!)		是□ 否□			是□ 否□
		是□ 否□			是□ 否□

（2）接通实训车辆的点火钥匙（不起动），观察汽车仪表盘指示报警灯的变化，并记录报警指示灯的变化情况。

一直亮的报警指示灯有＿＿＿＿＿＿＿＿＿＿＿＿＿＿＿＿＿＿＿＿＿＿。

刚开始亮，接着熄灭的报警指示灯有＿＿＿＿＿＿＿＿＿＿＿＿＿＿＿＿＿。

【任务评价】

（1）完成表 1-5 的评价项目，并填写。

表 1-5　学习评价表

评价内容	记录要点
在本次学习任务中，你主要完成了哪些内容	车上查找： 发动机故障指示灯□　机油压力故障指示灯□　充电指示灯□ 燃油量报警指示灯□　液面不足报警指示灯□　ABS 报警指示灯□　安全带报警指示灯□　SRS 报警指示灯□
在本次学习任务中，你还存在什么问题	
叙述各报警装置的作用以及机油压力报警灯的工作原理	
在学习过程中，你采取了哪些安全措施，请举例	

（2）思考并回答：

①车辆正常起动后，仪表显示中哪些内容是动态显示的？

②仪表显示的作用是什么？

③全数字汽车仪表与传统机械机芯仪表相比，有哪些优点？

【任务拓展】

虚拟汽车仪表盘

汽车仪表盘承载着汽车运行的参数信息,是使驾驶员通过视觉就可直观了解汽车工作状态的必备部件。汽车仪表随着汽车行业的高速发展而不断革新。

早期常规仪表盘包含了车速里程表、转速表、机油压力表、水温表、燃油表及充电表等,之后汽车仪表还需要装置稳压器,专门用来稳定仪表电源的电压,抑制波动幅度,以保证汽车仪表的精确性。

随着时间的推移和汽车技术的发展,虚拟汽车仪表盘已应运而生。相比机械式仪表和电气式仪表,全数字汽车仪表有了长足的进步与发展,它是一种网络化、智能化的仪表,其功能更强大,显示内容更丰富,线束连接更简单,更全面、更人性化地满足驾驶需求。

虚拟汽车仪表盘(见图 1-14)就是一个整合了车辆诸多功能和服务,将其按照驾驶者需求进行个性化设定或根据环境重要性进行合理搭配并显示,同时与驾驶者进行互动的"显示与控制"系统。用屏幕取代了指针、数字等现有仪表盘上最具代表性的部分。虚拟汽车仪表盘的优点是驾驶者可根据需求选择需获取的信息,以满足不同的要求,功能更强大、更灵活,更容易与网络、外设及其他应用相连接。虚拟汽车仪表是目前为止最先进的汽车仪表,也是未来的发展方向与趋势。

图 1-14　虚拟汽车仪表盘

项目二 | 汽车电源系统的检修

汽车电源系统是由蓄电池、发电机、调节器、充电状态指示装置、开关及导线等连接而成的电气系统。汽车电源系统故障直接影响车辆的正常使用。作为汽车维修人员，必须学会对汽车电源系统进行检修。

任务分解图：

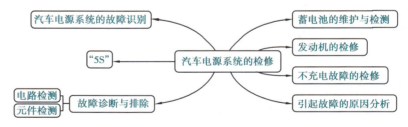

学习目标：

- 能叙述汽车电源系统的组成、作用及工作原理；
- 通过查阅维修手册，能独立完成系统的元件更换；
- 能识读常见车型电源系统的控制电路图；
- 能根据维修手册对引起汽车电源系统故障的原因进行分析；
- 能与同学合作制订合理的诊断与维修计划；
- 能按专业要求对常见汽车电源系统的故障进行检修。

学习任务一 / 蓄电池的维护与检测

汽车蓄电池主要负责起动汽车发动机和辅助发电机为车内用电设备供电,保证车辆的正常运行;在不供电时,储存发电机多余的电量(充电)。某客户反映,车辆在起动时,出现起动无力、按喇叭声音较小的现象。作为维修人员,请按专业要求对汽车蓄电池进行检查。

【知识准备】

一、汽车电源及电路

汽车电源包括蓄电池和发电机,如图 2-1 所示。

汽车电路如图 2-2 所示。

其电路特点如下:

(1)两个电源(蓄电池、发电机)。

(2)低压直流(12 V)。

(3)并联单线。

(4)负极搭铁。

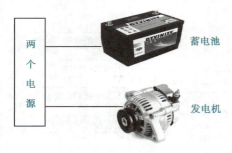

图 2-1　汽车电源

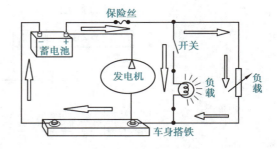

图 2-2　汽车电路

二、汽车蓄电池的功用及安装位置

汽车蓄电池安装于发动机机舱内,如图 2-3 所示。

其主要功用如下:

(1)车辆停止时,向用电设备供电。

(2)车辆起动时,提供起动大电流。

(3)储存发电机多余的电量。

图 2-3　蓄电池的安装位置

三、汽车蓄电池的分类及特点

蓄电池是将化学能转变为电能的装置。汽车常用蓄电池分为普通铅蓄电池和免维护蓄电池。其特点如图 2-4 所示。

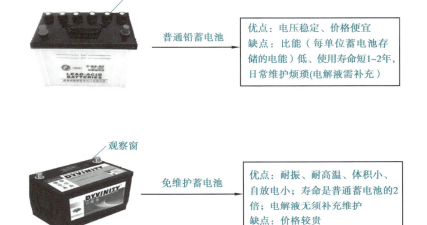

加液孔
普通铅蓄电池
优点：电压稳定、价格便宜
缺点：比能（每单位蓄电池存储的电能）低、使用寿命短1~2年，日常维护烦琐(电解液需补充)
观察窗
免维护蓄电池
优点：耐振、耐高温、体积小、自放电小；寿命是普通蓄电池的2倍；电解液无须补充维护
缺点：价格较贵

图 2-4　蓄电池的种类与特点

四、普通铅蓄电池的结构及工作原理

1.普通铅蓄电池的结构

汽车用普通蓄电池由 3 只或 6 只单格电池串联而成。每只单格电池电压约为 2 V，串联成 6 V 或 12 V，以供汽车选用。柴油机汽车电压设计为 24 V。

蓄电池主要由极板、隔板、连接条、电解液及外壳组成，如图 2-5 所示。

• 极板：蓄电池的核心部分。它分正极板和负极板两种，如图 2-6 所示。在蓄电池充放电过程中，电能与化学能的相互转换就是依靠极板上的活性物质与电解液中的硫酸发生化学反应来实现的。

外壳
连接条
极板
电解液
极板
隔板

图 2-5　蓄电池的结构

正极板PbO_2，深棕色
负极板Pb，深灰色

图 2-6　蓄电池极板

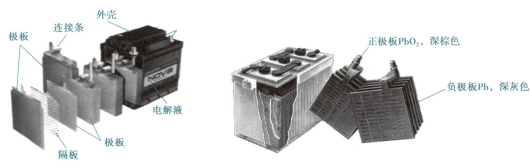

图 2-7　蓄电池外壳

- 隔板:在正、负极板之间起绝缘作用,使电池结构紧凑。
- 电解液:纯硫酸(H_2SO_4)与蒸馏水(H_2O)按一定比例配制而成。
- 壳体:用于盛装电解液和极板组。壳内间壁分成 3 个或 6 个互不相通的单格。蓄电池单格电池之间均用铅质连接条串联。

- 连接条:将单格电池串联起来。

2.蓄电池的工作原理

蓄电池的工作原理为 $PbO_2 + 2H_2SO_4 + Pb \rightleftharpoons 2PbSO_4 + 2H_2O$。

从左到右为放电,从右到左为充电。

五、蓄电池的型号及工作特性

1.蓄电池的型号

《铅酸蓄电池名称、型号编制与命名方法》(JB/T 2599—2012)标准规定,蓄电池的型号包含 3 个部分,即

| 串联的单体蓄电池数 | - | 蓄电池用途、结构特征 | - | 额定容量 |

如图 2-8 所示,蓄电池的型号为 6-QA-80,表示该蓄电池由 6 个单格电池串联,标准电压 12 V(一个单个电池 2 V)。Q 表示起动型铅蓄电池,A 表示电池结构特征。例如,干荷蓄电池用"A"表示;薄型极板用"B"表示;免(无)维护蓄电池用"W"表示。80 表示额定容量,单位为 A·h,单位一般略去。

6-QA-80

图 2-8　蓄电池的型号

2.蓄电池的工作特性

蓄电池放电终了特征为单格电压降到放电终止电压(单格终止电压和放电电流有关);电解液密度降到最小终止值。

蓄电池充电终了特征为端电压和电解液密度上升到最大值(2.7 V),并且在 2 h 内不上升;电解液中剧烈冒气泡,呈沸腾现象。

六、蓄电池亏电及检查

蓄电池亏电检查见表2-1。

表 2-1　蓄电池亏电检查

亏电表现	亏电原因	判断方法
车辆不能起动或者起动无力;大灯灯光暗淡;喇叭沙哑	长期使用,极板老化、表面物质脱漏;电解液蒸发泄漏,导致性能下降,储电量降低;车辆用电器短路,蓄电池长期处于放电状态	高率放电计检测 <table><tr><td>测量电池</td><td>电池性能</td></tr><tr><td>9.6 V</td><td>良好</td></tr><tr><td>10.6~11.6 V</td><td>存电充足</td></tr><tr><td>迅速下降</td><td>电池损坏</td></tr></table> 用万用表检查车辆静态电流 检测条件:关闭所有用电设备,关闭点火开关15 s以上,拆下蓄电池负极 检测方法:万用表打到20 A电流挡,万用表一端接电池负极,另一端接连接线。其读数应为0.02~0.05 A,如有则存在断路或有用电器工作

七、普通铅蓄电池的检查与维护

1.外观检查

如图2-9所示,检查蓄电池封胶有无开裂和损坏,极柱有无破损,壳体有无泄漏,如有,则应修复或更换。

其维护方法是:先用温水清洗蓄电池外部的灰尘泥污,再用碱水清洗;疏通加液盖通气孔,用钢丝刷或极柱接头清洗器除去极柱和接头的氧化物,并涂一层薄薄的工业凡士林或润滑脂。

2.液面高度

如图 2-10 所示,首先进行目测,电解液液面应在蓄电池外壳的上下液面线之间。然后用玻璃管测量,即用内径为 4~6 mm、长度约 150 mm 的玻璃管检测电解液液面高度。要求液面高出隔板上沿 10~15 mm。

当液面过低时,应补加蒸馏水;当液面过高时,应用密度计吸出部分电解液。

图 2-9　外观检查

图 2-10　液面高度检查

3.电解液相对密度检测

用密度计或冰点仪测量蓄电池电解液相对密度,如图 2-11 所示。电解液的密度一般为 1.24~1.31 g/cm³。使用中,密度应根据地区、气候条件和制造厂的要求而定,见表 2-2。

4.开路电压检测

若蓄电池刚充过电或车辆刚行驶过,首先应接通前照灯远光 30 s,消除"表面充电"现象,然后熄灭前照灯,切断所有负载,用万用表测量蓄电池的开路电压(见图 2-12),并根据表 2-3 来判断放电程度。

5.负荷试验检测

用高率放电计测试,如图 2-13 所示。

图 2-11　电解液密度检查

图 2-12　蓄电池电压的检查

图 2-13　高率放电计

★小提示

　　蓄电池使用时,每次发动机起动时间不得超过5 s,再次起动时间间隔为15 s以上。电解液密度偏低,有利于提高放电电流和容量。冬季使用的电解液在不使其结冰的前提下,尽可能采用密度稍低的电解液。在冬季零下温度补加蒸馏水时,只能在蓄电池充电状况下进行,以免结冰。

表2-2　不同气温下电解液密度的选择

使用地区最低温度/℃	冬季/($g \cdot cm^{-3}$)	夏季/($g \cdot cm^{-3}$)
<-40	1.3	1.26
-40~-30	1.28	1.25
-30~-20	1.27	1.24
-20~0	1.26	1.23
0~20	1.24	1.23

表2-3　蓄电池电压与放电程度对照表

蓄电池开路端电压/V	≥12.6	12.4	12.2	12.0	≤11.7
高率放电计检测蓄电池电压/V	10.6~11.6	9.6~10.6			≤9.6
高率放电计(100 A)检测单格电压/V	1.7~1.8	1.6~1.7	1.5~1.6	1.4~1.5	1.3~1.4
放电程度/%	0	25	50	75	100

八、蓄电池的充电

蓄电池存电不足,可用充电机进行快速充电。

1.充电机(见图2-14)的使用

(1)选择正确的电压。

(2)将充电机正接柱红钳口接蓄电池正极。

(3)将充电机负接柱黑钳口接蓄电池负极。

(4)打开充电机电源开关,选择合适的挡位进行充电。

2.注意事项

(1)在充电过程中,注意电池的温度,切勿过热。

(2)充电机避免在阳光直射或露天落雨下使用。

(3)避免在较大灰尘和腐蚀性气体环境中工作。

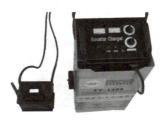

图2-14　蓄电池充电机

九、蓄电池的更换

蓄电池的更换见表2-4。

表 2-4　蓄电池的更换

图　示	操作步骤
	①关闭点火开关
	②铺设翼子板 3 件套
	③拆下蓄电池负极柱卡钳
	④拆下蓄电池正极柱卡钳 注意：做好绝缘措施，防止搭铁短路
	⑤松开蓄电池固定卡具或固定螺栓，取下蓄电池
	⑥取下蓄电池电极柱保护盖，并清洁蓄电池表面
	⑦将蓄电池安装到车上并固定。首先将蓄电池正极卡钳连接到蓄电池正极上，然后将负极卡钳连接到蓄电池负极上，最后固定好正负卡钳

【任务实施】

对实训车辆蓄电池进行检测与维护。

（1）制订合理的检查计划,并完成表 2-5 填写。

表 2-5　检查计划表

安全项目		措　施
工作安全	着装	
	场地	
	工具与设备	
	防火	
	电气设备	
	其他	
所需工量具		
"5S"		

（2）按任务要求,结合所学知识对蓄电池进行检查,记录检查结果,并完成表 2-6 的填写。

①蓄电池各部件:□完备　□缺部件　□损坏（记录＿＿＿＿＿＿＿＿＿＿）

②外壳:□正常　□开裂　□变形（记录＿＿＿＿＿＿＿＿＿＿＿＿）

③加液盖通气孔:□通气　□堵塞（记录＿＿＿＿＿＿＿＿＿＿＿）

④电解液液面高度检查:（正常、过高、过低）＿＿＿＿＿＿＿＿＿＿。

⑤电解液密度检查:（标准值:1.24～1.31 g/cm^3）＿＿＿＿＿＿＿＿。

表 2-6　密度的检测

项　　目	第 1 格	第 2 格	第 3 格	第 4 格	第 5 格	第 6 格
技术状况						
是否正常						
处理方法						

⑥蓄电池开路电压检测,完成表 2-7 的填写。

表 2-7　开路电压的检测

检查项目	工　具	测试数值	标准范围	是否正常	维修建议
开路电压				□正常 □不正常	

⑦负荷试验检测,完成表 2-8 的填写。

表 2-8　负荷试验检测

检查项目	工　具	测试数值	是否正常	维修建议
负荷 试验			□正常 □不正常	

⑧根据需要就车更换蓄电池。

【任务评价】

（1）完成表 2-9 的评价项目，并填写。

表 2-9　学习评价表

评价内容	记录要点
本次学习任务中，你主要完成了哪些内容	蓄电池的结构观察□　蓄电池的检测□　蓄电池的充电□ 蓄电池的使用与维护□　蓄电池就车拆装□
本次学习任务中，主要还存在什么问题	
叙述蓄电池的结构	
在学习过程中，你采取了哪些安全措施，请举例	

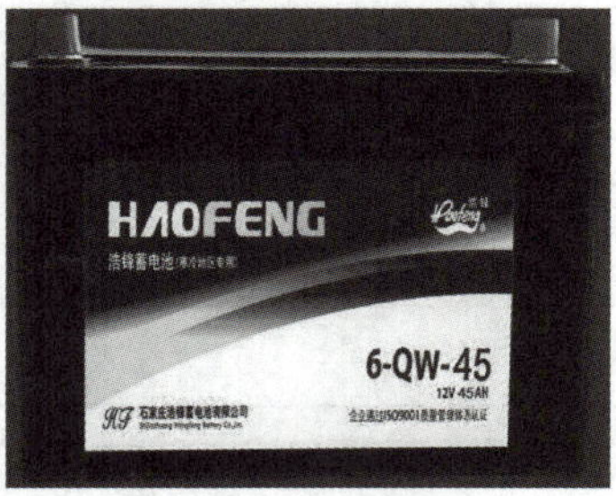

图 2-15　蓄电池

（2）说出如图 2-15 所示蓄电池的功用和型号含义。

蓄电池的功用：＿＿＿＿＿＿＿＿＿＿＿＿＿＿＿

＿＿＿＿＿＿＿＿＿＿＿＿＿＿＿＿＿＿＿＿＿。

蓄电池型号：＿＿＿＿＿＿＿＿＿＿＿＿＿＿。

型号的含义：＿＿＿＿＿＿＿＿＿＿＿＿＿＿。

写出蓄电池充放电过程中的化学反应式：＿＿＿＿＿。

（3）蓄电池就车拆卸：先拆＿＿＿＿＿极线，后拆＿＿＿＿＿极线。

蓄电池就车安装：先装＿＿＿＿＿极线，后装＿＿＿＿＿极线。

【任务拓展】

1.免维护蓄电池的使用与维护

免维护蓄电池可进行补充充电，其充电方式与普通蓄电池的充电方法基本一样。充电时，每单格电压应限制在 2.3～2.4 V。注意，使用常规充电方法充电会消耗较多的水，充电时充电电流应稍小些(5 A 以下)。不能进行快速充电,否则,蓄电池可能会发生爆炸,导致伤人。免维护蓄电池的比重计根据指示器的颜色进行判定,如图 2-16 所示。绿色表示充足电;当变黑和深绿色时,说明存电不足,应予以充电;当显示浅黄色或者白色时,必须更换蓄电池。

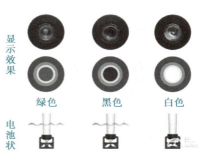

图 2-16　免维护蓄电池的检查

2.蓄电池自行放电

蓄电池在无负载的状态下电量自动消失的现象,称为自行放电。蓄电池的自行放电是不可避免的。

1)故障特征

充足电的蓄电池在 30 天之内每昼夜容量降低超过 2%,称为故障性自行放电。

2)故障原因

(1)电解液含杂质过多。

(2)电解液密度偏高。

(3)蓄电池表面不清洁。

(4)栅架中含锑。

3)防止措施

(1)使用符合标准的硫酸和蒸馏水配置电解液。

(2)配置电解液的容器要保持清洁。

(3)防止杂质进入电池内。

(4)电池表面要保持清洁、干燥。

4)处理措施

产生自行放电后,将蓄电池完全放电,倒出电解液,取出极板组,抽出隔板,用蒸馏水冲洗之后重新组装,并加入新的电解液。

学习任务二 发电机的检修

　　汽车发电机是汽车的主要电源。车辆在使用过程中,如果发电机出现故障,将直接影响车辆的正常使用。因此,车辆在使用中若存在发电机故障,必须立即停止工作,并尽快排除故障。某车主反映,车辆在使用中,灯光越来越暗。经检查为发电机故障,查阅资料和维修手册后,将该故障排除。

【知识准备】

一、发电机的功用及安装位置

　　汽车用发电机为交流发电机。其安装位置如图 2-17 所示。它由曲轴通过皮带轮带动运转而发电。

　　其功用是:在发动机正常运转时(怠速以上),向所有用电设备(起动机除外)供电,同时向蓄电池充电。

二、发电机的主要组成部分及其功用

发电机的主要组成部分及其功用如图 2-18 所示。

三、发电机的工作原理

交流发电机的工作原理如图 2-19 所示。

1.磁场的产生

转子转动,励磁绕组 F 通电,便产生旋转磁场。

2.发电原理

旋转磁场外的定子上有三相绕组(U,V,W),三相绕组彼此相位差为 120°。当转子旋转时,旋转的磁场使固定的三相绕组切割磁力线,从而产生三相交流电动势。转速越快,产生的电动势越大。

3.整流原理

三相绕组产生的交流电经 6 只二极管桥式整流后变成直流电。

图 2-17　汽车发电机的安装位置

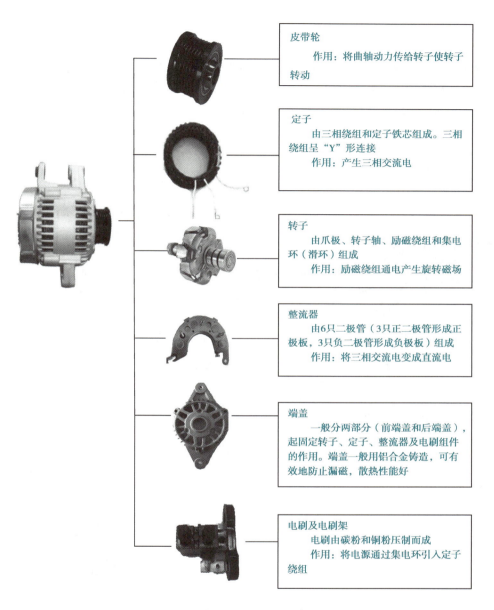

皮带轮
　　作用：将曲轴动力传给转子使转子转动

定子
　　由三相绕组和定子铁芯组成。三相绕组呈"Y"形连接
　　作用：产生三相交流电

转子
　　由爪极、转子轴、励磁绕组和集电环（滑环）组成
　　作用：励磁绕组通电产生旋转磁场

整流器
　　由6只二极管（3只正二极管形成正极板，3只负二极管形成负极板）组成
　　作用：将三相交流电变成直流电

端盖
　　一般分两部分（前端盖和后端盖），起固定转子、定子、整流器及电刷组件的作用。端盖一般用铝合金铸造，可有效地防止漏磁，散热性能好

电刷及电刷架
　　电刷由碳粉和铜粉压制而成
　　作用：将电源通过集电环引入定子绕组

图 2-18　发电机的主要组成部件及其功用

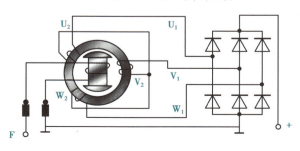

图 2-19　交流发电机的工作原理

　　汽车用交流发电机采用的磁场是电磁场,都需要励磁。将电源引入励磁绕组使之产生磁场,称为励磁。由蓄电池供给发电机励磁绕组电流使其产生磁场,称为他励。由发电机本身发的电供给励磁绕组产生磁场,称为自励。

四、电压调节器

1.电压调节器的作用

图 2-20　电压调节器

　　在发动机所有转速范围内,保证发电机输出电压基本保持恒定。

　　2.电压调节器的种类

　　电压调节器可分为触点式电压调节器、晶体管式电压调节器、集成电路电压调节器及计算机控制电压调节器。

　　3.调压原理

　　电压调节器的调压原理是通过改变励磁电流的大小,达到调压的目的。输出电压高,减小励磁电流;输出电压低,增加励磁电流。

五、发电机的拆装与检测

发电机的拆装与检测见表 2-10。

表 2-10　发电机的拆装与检测

项　目	操作步骤	图　示
从车上拆下发电机	①做好操作安全防护措施,铺设三件套	
	②拆下蓄电池负极连接线	
	③拔下发电机插接器连接插头	

续表

项　目	操作步骤	图　示
从车上拆下发电机	④拆下发电机正极柱螺母,并拆下正极连接线	
	⑤松开发电机张紧器,拆下发电机皮带	
	⑥拆下发电机固定螺栓,取下发电机	
发电机的解体	①拆卸皮带轮螺栓,取出皮带轮	
	②拆下后端盖,拆下调节器、电刷架和整流板	
	③在发电机前后端盖与定子铁芯上做装配记号,并拆卸3颗穿心螺栓	记号　穿心螺栓
	④取出定子和转子	

续表

<table>
<tr><th>项　目</th><th>操作步骤</th><th>图　示</th></tr>
<tr><td rowspan="4">发电机的检测</td><td>(1)转子总成的检查
①励磁绕组的检查
<table>
<tr><th>检测项目</th><th>规定值/Ω</th></tr>
<tr><td>励磁绕组与铁芯搭铁</td><td>∞</td></tr>
<tr><td>励磁绕组短路或断路</td><td>8~10</td></tr>
</table>
②集电环检修
<table>
<tr><td>表面</td><td>应平整光滑,若有轻微烧蚀,用“00”号砂布打磨</td></tr>
<tr><td>厚度</td><td>用直尺测量集电环厚度,应与规定相符,否则应更换</td></tr>
</table>
③转子轴检修
用百分表测量转子轴摆差,测量值应与规定值相符,否则应予校正</td><td>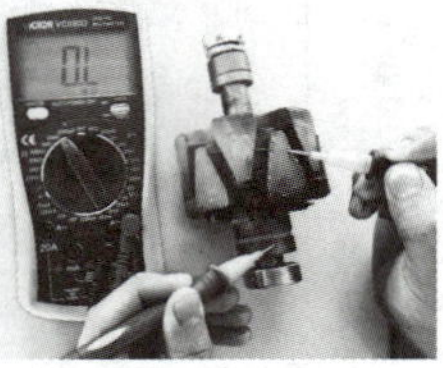
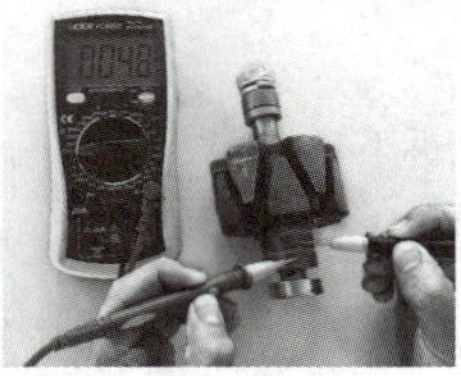
</td></tr>
<tr><td>(2)定子的检查
<table>
<tr><th>检测项目</th><th>规定值</th></tr>
<tr><td>定子绕组的短路与断路</td><td>三相绕组两两测量值应相同</td></tr>
<tr><td>定子绕组与铁芯的绝缘性</td><td>∞</td></tr>
</table></td><td>
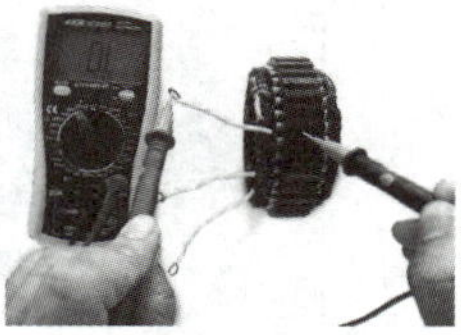</td></tr>
<tr><td>(3)整流器的检查
<table>
<tr><th colspan="2">测量项</th><th>规定值</th></tr>
<tr><td rowspan="2">正二极管</td><td>正向</td><td>通</td></tr>
<tr><td>反向</td><td>截止</td></tr>
<tr><td rowspan="2">负二极管</td><td>正向</td><td>通</td></tr>
<tr><td>反向</td><td>截止</td></tr>
</table></td><td>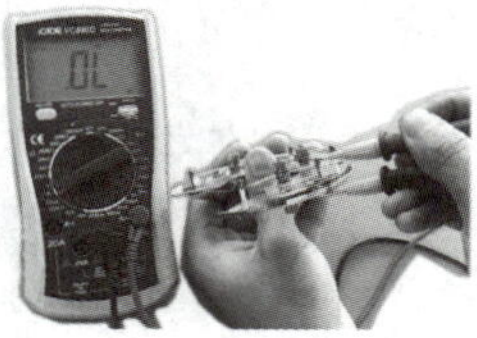</td></tr>
<tr><td colspan="2">(4)其他部件的检查
用直尺检查电刷的长度,应符合要求;检测发电机各接线柱绝缘情况,发现搭铁故障应拆检;检查轴承轴向和径向间隙均应不大于0.20 mm,滚珠、滚道无斑点,轴承无转动异响;检查前后端盖、皮带轮等应无裂损,绝缘垫应完好</td></tr>
<tr><td>发电机的装复</td><td colspan="2">按与拆卸相反的步骤安装和更换发电机</td></tr>
</table>

【任务实施】

将实训车上的发电机进行检测与更换。

（1）制订合理的检查计划，并完成表 2-11 的填写。

表 2-11 检查计划表

安全项目		措 施
工作安全	着装	
	场地	
	工具与设备	
	防火	
	电气设备	
	其他	
所需工量具		
"5S"		

（2）从车上将交流发电机拆卸下来。

（3）查阅维修手册，将拆卸下来的交流发电机进行解体检测，并完成表 2-12—表 2-16 中项目的检测。

表 2-12 定子总成检修

检查项目	工 具	绕组测试数值			标准范围	是否正常	维修建议
		组1	组2	组3			
断路检查						□正常 □不正常	
绝缘检查						□正常 □不正常	

表 2-13 励磁绕组的检修

检查项目	工 具	测试数值	标准范围	是否正常	维修建议
断路检查				□正常 □不正常	
绝缘检查				□正常 □不正常	

表 2-14 滑环的检修

检查项目	工　具	测试数值	标准范围	是否正常	维修建议
磨损情况				□正常 □不正常	

表 2-15 整流器的检修

检查项目	工　具	正极板			负极板			是否正常	维修建议
		V_1	V_2	V_3	V_1	V_2	V_3		
正向 电阻								□正常 □不正常	
反向 电阻								□正常 □不正常	

表 2-16 电刷的检修

检查项目	工　具	测试数值	标准范围	是否正常	维修建议
长度				□正常 □不正常	

（4）装复和更换交流发电机。

【任务评价】

（1）完成表 2-17 的评价项目，并填写。

表 2-17 学习评价表

评价内容	记录要点
本次学习任务中，你主要完成了哪些内容	交流发电机总成检测□　交流发电机拆解□　交流发电机检修□　交流发电机的装复□
本次学习任务中，主要还存在什么问题	
叙述发电机的结构	
在学习过程中，你采取了哪些安全措施，请举例	

（2）发电机的输出电压与转速存在什么关系？为什么要装调节器？

【任务拓展】

交流发电机的使用与维护

1.交流发电机的使用注意事项

（1）蓄电池的极性必须是负极搭铁，不能接反，否则会烧坏发电机或调节器的电子元件。

（2）发电机运转时，不能用"试火"的方法检查发电机是否发电，否则会烧坏二极管。

（3）整流器和定子绕组连接时，禁止用兆欧表或220 V交流电源检查发电机的绝缘情况。

（4）发电机与蓄电池之间的连接要牢靠，如突然断开，会产生过电压损坏发电机或调节器的电子元件。

（5）一旦发现交流发电机或调节器有故障，应立即检修，及时排除故障，不应再继续运转。

（6）为交流发电机配用调节器时，交流发电机的电压等级必须与调节器电压等级相同，交流发电机的搭铁类型必须与调节器搭铁类型相同，调节器的功率不得小于发电机的功率，否则系统不能正常工作。

（7）线路连接必须正确。目前，各种车型调节器的安装位置及接线方式各不相同，故接线时要特别注意。

（8）调节器必须受点火开关控制，发电机停止转动时，应将点火开关断开，否则会使发电机的磁场电路一直处于接通状态，不但会烧坏磁场线圈，而且会引起蓄电池亏电。

2.交流发电机的维护

交流发电机在使用中，应定期进行以下检查：

（1）检查发电机驱动带：

①检查驱动带的外观。用肉眼观看，应无裂纹或磨损现象。如有，则应更换。

②检查驱动带的挠度。用100 N的力压在带的两个传动轮之间，新带挠度为5~10 mm，旧带挠度为7~14 mm。

（2）检查导线的连接：

①接线是否正确。

②接线是否牢靠。

③发电机输出端接线螺钉必须加弹簧垫。

（3）检查运转时有无噪声。

（4）检查是否发电：

①观察充电指示灯的熄灭情况。若充电指示灯一直亮着，说明发电机或调节器有故障，也可能是充电指示灯线路有故障，应及时维修。

②用万用表直流电压挡测量电压。在发电机未转动时测量蓄电池端电压，并记录下来，起动发动机并将转速提高到怠速以上转速，测量蓄电池端电压。若能高于原记录，说明发电机能发电；若测量电压一直不上升，说明发电机或调节器有故障，应及时维修。

（5）当发现发电机或调节器有故障需要从车上拆下检修时，首先关断点火开关及一切用电设备，拆下蓄电池负极电缆线，再拆卸发电机上的导线接头。

学习任务三 / 不充电故障的检修

某客户反映,车辆在使用过程中,仪表板的充电指示灯保持常亮,随之车辆出现起动困难,灯光、喇叭信号变弱。请查阅资料和维修手册,将该故障排除。

【知识准备】

一、充电系统组成及故障显示

充电系统主要包括发电机、蓄电池、充电指示灯及电压调节器,如图 2-21 所示。

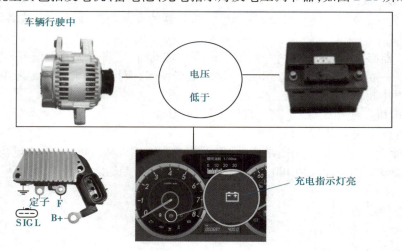

图 2-21　充电系统的组成及故障显示

> ★小提示
>
> 　汽车充电系统正常时,发动机转速升到怠速转速(850 r/min)或稍高时,充电指示灯会灭。若仍亮,则说明充电系统不充电,存在故障。

二、充电系统控制电路

由发电机的工作原理和控制电路(见图 2-22)可知,造成汽车充电系统不充电的可能原因为:

(1)发电机皮带打滑。

（2）线路接触不良。

（3）电压调节器故障。

（4）发电机内部故障。

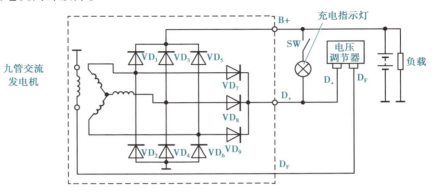

图 2-22　充电系统控制电路

三、故障诊断流程

要迅速找到故障部位,合理的故障诊断流程可达到事半功倍的效果。汽车充电系统不充电故障诊断流程见表 2-18。

表 2-18　故障诊断流程

项　　目	操作步骤
（1）问诊	通过对车主的询问了解故障症状,为后面的诊断工作提供翔实的第一手资料
（2）功能检查	通过功能检查确定故障是否属实,是否还有其他部件不能正常工作 起动发动机,观察仪表盘的充电指示灯工作情况,确定故障是否存在
（3）目测检查	检查是否有明显损坏的部件
（4）电路分析	①查阅维修手册,将汽车充电系统电路图进行拆画; ②根据拆画的电路图进行故障分析; ③找出可疑的故障点; ④提出假设,确定检查项目

续表

项 目	操作步骤
（5）修复验证 	①对可疑的故障点进行检测并修复； ②对修复后的结果进行验证
（6）故障排除 	如果证明假设的故障点不成立，重新提出新的假设，然后再去验证，直至将真正的故障点排除为止

四、充电系统的检测

充电系统的检测见表2-19。

表2-19　充电系统的检测

图示说明	检测内容
 	①工作状况检查，确认故障 起动发动机，充电指示灯应亮3 s后熄灭。若不熄灭，则检查充电系统
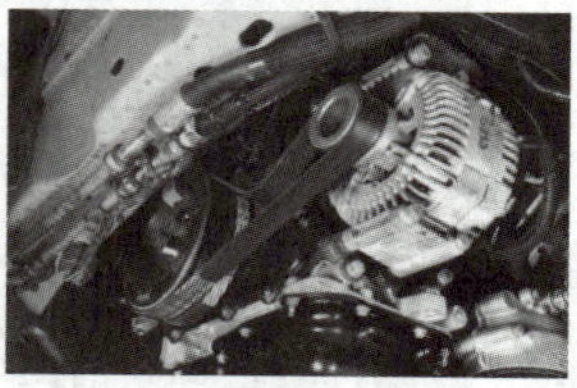	②检查发电机皮带是否过松造成打滑 在大拇指的压力下，发电机皮带应有10°～15°的挠度
 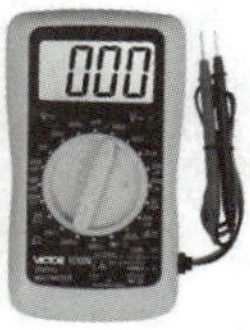	③用万用表测量发电机B+接柱是否有蓄电池电压。若没有，则检查线路连接是否正确
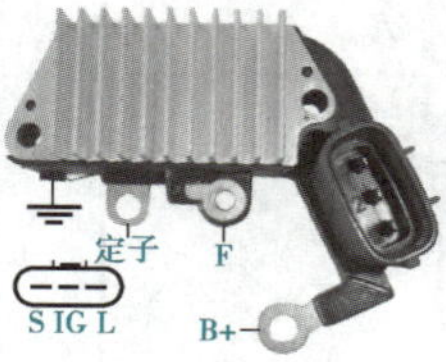 	④检查电压调节器，对外搭铁调节器，在其正极与磁场接柱之间连一小灯泡，灯泡应亮，当电压由12 V逐渐升高至14 V时，灯泡应熄灭，否则说明调节器损坏；对内搭铁调节器，将灯泡连接在其磁场接柱与负极之间，也应有上述现象发生

续表

图示说明	检测内容
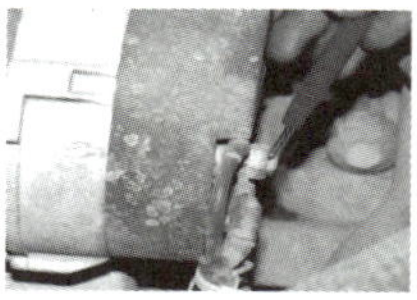	⑤测量发电机磁场接柱与搭铁（内搭铁发电机）或两磁场接柱之间的电阻,应为 3~5 Ω,否则为发电机磁场电路故障
	⑥拆检发电机,检查发电机定子绕组,整流器是否损坏
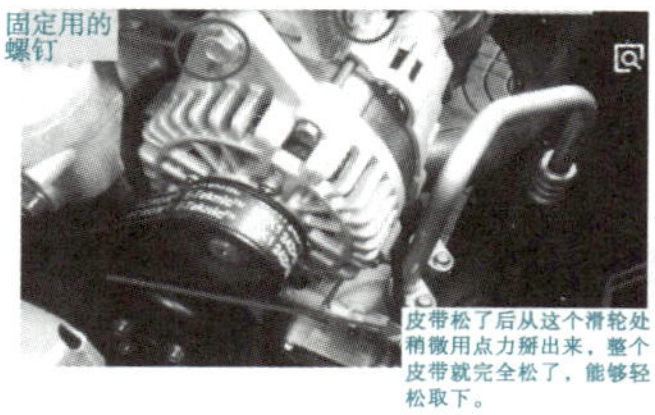	⑦确认并排除故障后,安装发电机,并按要求调整好发电机皮带挠度
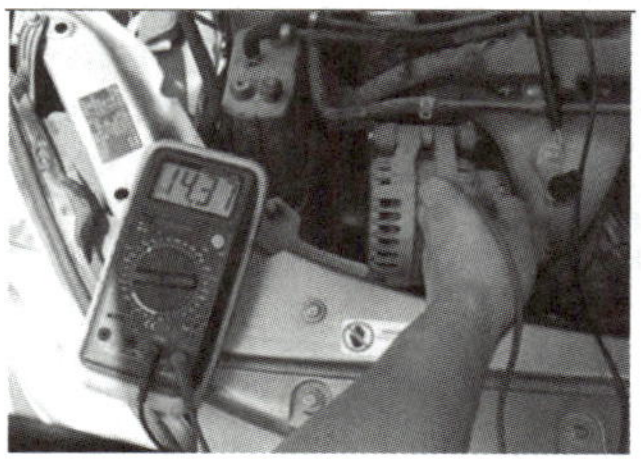	⑧再次起动发动机,观察充电指示灯工作应正常,发电机输出电压应正常

★小提示

1.交流发电机的搭铁分类

交流发电机的搭铁可分为内搭铁和外搭铁。磁场绕组负电刷直接搭铁的发电机(和壳体直接相连),称为内搭铁;磁场绕组的两只电刷都和壳体绝缘的发电机,称为外搭铁。

2.电路检查的注意事项

①发电机与调节器的搭铁极性应一致。

②禁止短接调节器接柱,防止发电机烧毁或二极管击穿。

③禁止用划火法检测发电机是否发电。

【任务实施】

汽车充电系统不充电故障的检修。

（1）制订合理的检修计划,并完成表 2-20 的填写。

表 2-20　检修计划表

安全项目		措　施
工作安全	着装	
	场地	
	工具与设备	
	防火	
	电气设备	
	其他	
所需工量具		
"5S"		

（2）根据诊断流程,结合检修工作计划,对充电系统进行检修。

①问诊并起动发动机。通过问诊和操作,完成对汽车充电指示功能的检查（见图 2-23）,以确认故障的真实性。

图 2-23　汽车充电指示灯

②根据充电系统的组成,确定检测项目,并完成表 2-21 的填写。

表 2-21　检测项目确定表

检测项目	检测内容（在需要的检测项后打"√"）
电路的检测	电源□　搭铁□　充电指示灯□　连接电路□
元件的检测	电压调节器□　整流器□　发电机转子□　发电机定子□

【任务评价】

（1）完成表 2-22 的评价项目,并填写。

表 2-22 学习评价表

评价内容	记录要点
本次学习任务中,你主要完成了哪些内容	维修手册的正确使用□　电路图的拆画□　充电指示灯的检测□　连接电路的检测□　电压调节器的检测□　整流器的检测□　发电机的拆装□　发电机元件的检测□
本次学习任务中,主要还存在什么问题	
如何判断发电机是否损坏	
在学习过程中,你采取了哪些安全措施,请举例	

（2）若故障现象为起动发动机后充电指示灯常亮,充电系统不充电,请分析引起该故障的原因,并叙述如何排除故障。

【任务拓展】

充电电流过小的故障诊断与排除

1.发电机皮带打滑

诊断与排除:起动发动机,慢慢加大油门,使发动机转速达到 1500 r/min。若电流表指示充电电流在 5 A 以下,将发动机熄火,检查发电机皮带是否过松打滑,若打滑则进行调整;旋转发电机支架的固定螺栓,移动发电机,调整到合适位置后,再旋转支架固定螺栓。

2.发电机故障

诊断与排除:若检查发电机皮带松紧程度正常,拆掉发电机"F"与调节器"磁场"接线柱之间的连线后,用一根导线连接发电机"电枢"与"F"接线柱;起动发动机,慢慢加大油门,使发动机转速达到 1500 r/min,若电流表指示充电电流仍小,检查发电机;若充电电流增大,用万用表检查调节器和激磁电路,拆除发电机"F"(磁场)或调节器"F"(磁场)接线柱上的导线。用起子将发电机"B"(电枢)接柱与"F"(磁场)接柱短接,如果充电电流增大,说明故障在调节器,或从调节器"F"(磁场)到发电机"F"(磁场)之间连线有接触不良现象;若仍指示充电电流过小,则说明发电机有故障。

项目三 | 汽车起动系统的检修

　　起动机在点火开关和起动继电器的控制下,将蓄电池的电能转化为机械能,带动发动机飞轮齿圈使曲轴转动,完成发动机的起动。起动系统的电源电路、控制电路和起动机的任何组件,如果出现工作异常,都会导致起动机不能转动或转动无力等故障。作为汽车维修人员,有必要学会对汽车起动系统进行检修。

任务分解图:

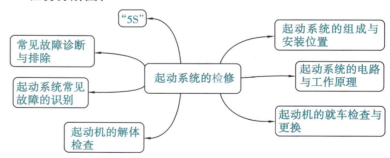

学习目标:

- 能叙述起动系统的组成、作用及工作原理;
- 通过查阅维修手册,能独立或合作完成起动机的就车检查与更换;
- 通过查阅维修手册,能独立或合作完成起动机的解体维修;
- 能识读常见车型起动系统的控制电路图;
- 能根据维修手册对起动系统故障的原因进行分析;
- 能与同学合作制订合理的诊断与维修计划;
- 能按专业要求对常见起动系统的故障进行检修。

/学习任务一/ 起动机的检测与更换

汽车发动机本身不能自行起动,它必须借助外力来带动曲轴旋转。起动机将蓄电池提供的电能转化为机械能,带动曲轴旋转以足够高的转速运转,以便发动机顺利起动。某车主反映,汽车的点火开关置于"起动"挡位时,起动机不能转动。请按专业要求对起动机进行检测与更换。

【知识准备】

一、起动系统的组成

起动系统主要由点火开关、继电器、起动机及蓄电池等组成,如图 3-1 所示。

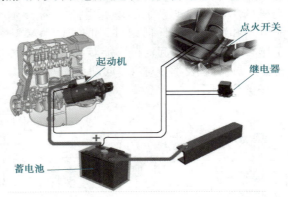

图 3-1　起动系统的组成

二、组成部件的结构和功用

1.点火开关

点火开关如图 3-2 所示。

● LOCK 锁止挡:用机械方式锁住方向盘。

● ACC 附件挡:给汽车的电器附件供电,不包括起动和点火系统电路。

● ON 点火挡:接通受点火开关控制的所有电路,不包含起动电路。

● START 起动挡:接通点火和起动电路,可以起动发动机。

图 3-2　点火开关

　　为尽量延长起动机和蓄电池的使用寿命,必须正确、合理地使用起动机。起动发动机时,每次接通的时间不得超过5 s,连续起动间隔时间应超过15 s;连续第三次起动,则应在检查起动系统故障的同时,停歇15 min后再进行。

　　2.起动机

　　起动机的作用是:将蓄电池的电能转变成机械能,并通过驱动齿轮传递给发动机的飞轮,起动发动机。目前,汽车上大都采用电磁起动机,如图3-3所示。

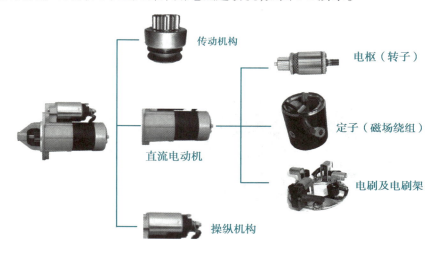

图3-3　电磁起动机的结构组成

　　1)直流电动机

　　直流电动机的功用是:产生转矩,使驱动齿轮转动。它主要由电枢(转子)、定子(磁场绕组)、电刷、电刷架及前后端盖组成。

　　●定子:也称磁极,其作用是产生磁场并驱动电枢旋转。它由磁极铁芯、励磁线圈和外壳组成,如图3-4所示。起动机常采用4个磁极,每个磁极上均套磁场绕组,通电充磁后N,S极相间排列,并利用外壳形成磁路。

　　磁场绕组的连接方式有两种:一种是4个磁场绕组相互串联;另一种是2个磁场绕组先串联而后并联。这样,可在绕组铜条截面尺寸相同的情况下增大起动电流,从而增大转矩,如图3-5所示。

　　●电枢:直流电动机的转子部分。它由铁芯、绕组、换向器及电枢轴组成,如图3-6所示。

　　铁芯由硅钢片叠压而成,内以花键固定在轴上,铁芯上的外槽内绕有绕组,绕组用粗大的矩形截面铜条绕制成波形绕组。当磁极产生的磁场穿过带电的电枢绕组时,电枢绕组会受到电磁力的作用而带动电枢旋转。

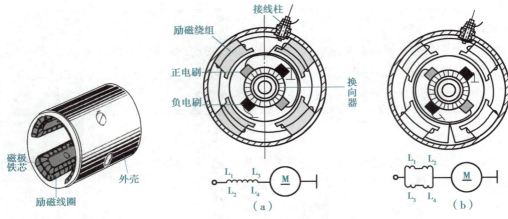

图 3-4　磁极的组成

图 3-5　磁场绕组的连接方式

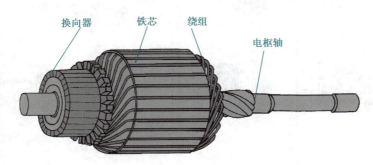

图 3-6　电枢

图 3-7　换向器

换向器由换向片和云母片叠压而成,压装在电枢轴的一端,如图 3-7 所示。换向器片间绝缘并与轴绝缘,电枢绕组的各端头均焊在换向器上,通过换向器与电刷的接触,将蓄电池的电能引入绕组,使电枢绕组受到连续的电磁力的作用。

● 电刷组件:电刷用铜和石墨粉压制而成,以减小电阻和增加耐磨性。一般采用 4 只电刷,有两个正电刷和两个负电刷。其目的是减小电刷上的电流密度。电刷装于电刷架内并由弹簧压紧在换向器上。电刷组件和电刷如图 3-8 和图 3-9 所示。

2)传动机构

传动机构的功用是:发动机起动时,使驱动齿轮与曲轴飞轮齿轮啮合,将电动机产生的转矩传给曲轴;发动机起动后,将驱动齿轮和电枢轴的联系切断,防止电枢绕组因被发动机带动超速旋转而损坏。它主要由单向离合器和驱动小齿轮组成,如图 3-10 所示。

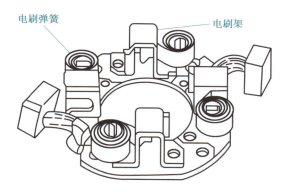

图 3-8　电刷组件的结构

图 3-9　电刷

3）控制装置（电磁开关）

控制装置的功用是：控制起动机电路的通断；控制驱动齿轮与飞轮齿圈的啮合与分离。其主要组成如图 3-11 所示。

4）起动机的工作原理

图 3-10　传动机构

如图 3-12 所示，当点火开关转到"START"位置时，端子 50 将蓄电池电流传至电磁开关的保持线圈和吸引线圈。流经吸引线圈的电流通过端子 C，再流至电动机励磁线圈和电枢线圈。吸引线圈与保持线圈产生的合成磁场加强，将活动铁芯压缩回位弹簧，并通过传动杆使驱动齿轮与飞轮啮合。

图 3-11　电磁开关

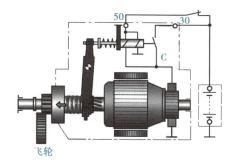

图 3-12　起动机的工作原理

当电磁开关将驱动齿轮推至与飞轮齿圈完全啮合的位置时,固定在活动铁芯一端的接触片,将端子 30 和端子 C(主触点)短接,蓄电池由主电路向电动机提供大电流,以较大的转矩转动。此时,吸引线圈被短接不再有电流通过,减小了蓄电池电流的消耗。同时,由保持线圈的电磁力持续地将活动铁芯保持在伸出的位置。

在发动机起动后,将开关转到"ON"位置时,切断作用在端子 50 上的电压。部分电流便从端子 C,经吸引线圈流至保持线圈,由于两个线圈产生的合成磁场相反,复位弹簧将活动铁芯复位,分离主触点,切断作用在电动机上的电流。同时,活动铁芯带动传动杆将驱动齿轮与飞轮齿圈分离。

> ★小提示
>
> 对不同的车系,起动机各接线端子的名称不尽相同。例如,通用车型将起动机各接线端子命名为 S,B,M,分别对应图中的端子 50、端子 30 和端子 C。

三、起动机检查与更换

1.起动机的就车检查

就车检查能初步判断起动机是否有故障。就车检查一般按表3-1进行。

表3-1　起动机就车检查

检测项目		检测内容
起动系统线路的检查	蓄电池接线柱与线缆夹	是否松动,是否腐蚀
	端子 50 连接	①检查起动机各端子的连接是否可靠;
	端子 30 连接	②检查搭铁的连接是否可靠
	搭铁连接	
	蓄电池开路电压	拆开蓄电池的连接线缆夹,测量蓄电池开路电压
检查蓄电池端电压和搭铁线电压降	蓄电池起动电压	①点火开关转到"START"位置; ②测量蓄电池端电压,蓄电池端电压应不低于 9.5 V。若低于,应检查蓄电池的放电程度 

续表

检测项目		检测内容
检查蓄电池端电压和搭铁线电压降	搭铁线电压降	电压降测量方法 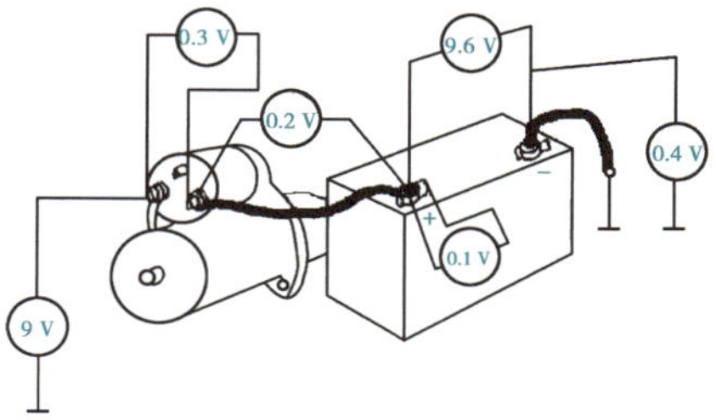
检查端子30电压	检查端子30电压和线缆电压降	①点火开关转到"START"位置； ②测量端子30的电压，30端子的电压值应不低于9.5 V； ③测量30线缆的电压降，30线缆的电压降应不高于0.2 V 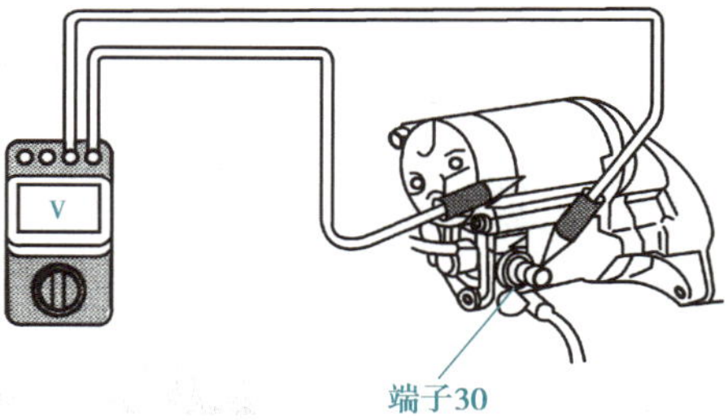
检查端子50电压	检查端子50电压和线缆电压降	①点火开关转到"START"位置； ②测量端子50的电压； ③测量50线缆的电压降 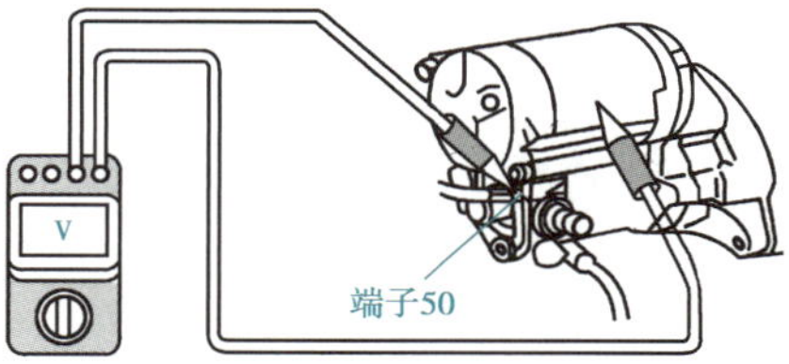

★小提示

运转起动机时，应先取下燃油和点火系统保险丝。在测量各电压时，不应将钥匙长时间置于起动位置，否则会造成蓄电池消耗过大和有关电缆烧熔，甚至引起火灾事故。

2.起动机的拆卸与解体

表3-2和表3-3为丰田卡罗拉车用起动机的拆卸步骤和解体步骤。不同车型有细微差别，具体操作参照各车型的维修手册。

表 3-2　起动机的拆卸

项目	步　骤	操作要点及注意事项
起动机的拆卸	（1）断开蓄电池接线柱与线缆夹负极	不要先拆正极
	（2）拆卸发动机下盖 LH 和 RH	
	（3）拆卸飞轮外壳侧盖	向外拉定位爪以将其脱开,然后拆下飞轮外壳侧盖 定位爪
	（4）拆卸起动机总成	①拆下端子帽; ②拆下螺母并断开端子 30; ③断开连接器; ④拆下两个螺栓和起动机总成
起动机的外部检查	（1）蓄电池外壳	外观应无破裂、腐蚀、鼓包、漏液等
	（2）电缆夹	无腐蚀、松动,连接可靠
	（3）搭铁线	连接可靠,无腐蚀、断股等
	（4）端子 50 线缆	连接可靠,无腐蚀、断股等
	（5）连接器	连接可靠
	（6）端子 30 线缆	连接可靠,无腐蚀、断股等
	（7）起动机外壳	应无裂纹,破损
	（8）安装螺栓	螺纹正常,无弯曲变形

表 3-3　起动机的解体步骤

项　　目	步骤和注意事项
（1）拆卸电磁起动机开关总成	①拆下螺母,并从电磁起动机开关总成上断开引线; ②固定住电磁起动机开关总成的同时,外壳总成上拆下两个螺母; ③抬起电磁起动机开关总成前部的同时,拉出电磁起动机开关总成,并从驱动杆和电磁起动机开关总成上松开柱塞钩
（2）拆卸起动机整流子端机座总成	①用"TORX"梅花套筒扳手 T25 拆下两个螺栓; ②将起动机整流子端机座总成和起动机磁轭一同拉出; 起动机磁轭总成 起动机整流子端机座总成

续表

项　目	步骤和注意事项
（2）拆卸起动机整流子端机座总成	③从起动机整流子端机座总成上拆下两个螺钉； ④将起动机磁轭总成从起动机整流子端机座总成上拉出 注意：压紧引线的同时拆下起动机整流子端机座
（3）拆卸起动机电枢总成	①用螺丝刀固定住弹簧后部，然后从电刷座上断开电刷； ②断开 4 个电刷，然后拆下电刷座； ③从起动机磁轭总成上拆下起动机电枢总成 起动机电枢总成　起动机磁轭总成
（4）拆卸起动机电枢板	从起动机驱动外壳总成或起动机磁轭总成上拆下电枢板 起动机电枢板

续表

项　　目	步骤和注意事项
（5）拆卸行星齿轮	从起动机中间轴承离合器分总成上拆下 3 个行星齿轮
（6）拆卸起动机中间轴承离合器分总成	①从起动机驱动外壳总成上拆下带起动机小齿轮驱动杆的起动机中间轴承离合器分总成； ②拆下起动机中间轴承离合器分总成、橡胶密封件和起动机小齿轮驱动杆 起动机小齿轮驱动杆　　橡胶密封件 起动机中间轴承离合器分总成

3.起动机的解体检查

起动机的解体检查与装复见表 3-4。

表 3-4　起动机的解体检查与装复

项　　目		步骤和注意事项
检查起动机电枢总成	（1）检查整流子是否存在开路	用欧姆挡检查换向片之间的导通性,应导通。若换向片之间不导通,应更换电枢 整流子

续表

项　目		步骤和注意事项
检查起动机电枢总成	（2）检查整流子是否存在接地短路	万用表放在欧姆 2 MΩ 挡位，换向器和电枢线圈铁芯之间不应导通。如果结果不符合规定，则更换起动机电枢总成 电枢线圈芯子　整流子
	（3）检查外观	检查表面有无污垢或烧坏，如有则用砂纸（400 号）或在车床上修复表面
	（4）检查整流子的圆跳动	①将整流子置于 V 形块上； ②用百分表测量圆跳动 标准跳动：0.02 mm，最大跳动值：0.05 mm。如果跳动值大于最大值，则更换电枢总成
	（5）用游标卡尺测量整流子直径	标准直径：29.0 mm，最小直径：28.0 mm。如果直径小于最小值，则更换电枢总成
	（6）检查并确认凹槽部分清洁且没有异物，棱边是否平滑	标准凹槽深度：0.7 mm，最小凹槽深度：0.2 mm。如果凹槽深度小于最小值，则用钢锯片加深深度 凹槽深度

续表

项　　目		步骤和注意事项
检查起动机电刷座总成	（1）拆下弹簧定位爪，并拆下 4 个电刷	电刷　弹簧
	（2）用游标卡尺测量电刷长度	标准长度：14.4 mm，最小长度：9.0 mm。如果长度小于最小值，则更换起动机电刷座总成 长度
	（3）检测电刷弹簧	读取电刷弹簧从电刷分离瞬间的拉力计读数。标准载荷为 17～23 N，最小安装载荷为 12 N。若小于规定值，应更换电刷弹簧
	（4）检查电刷座	根据下表测量各电阻值。如果结果不符合规定，则更换起动机电刷座总成 A　B　C　D | IT-II 连接	条件	规定条件
A-B	始终	10 kΩ 或更高
A-C	始终	10 kΩ 或更高
A-D	始终	低于 1 Ω
B-C	始终	低于 1 Ω
B-D	始终	10 kΩ 或更高
C-D	始终	10 kΩ 或更高	

续表

项　目		步骤和注意事项
检查磁场绕组	（1）检测励磁绕组的导通	用欧姆表检查励磁绕组两电刷之间时,应导通
	（2）励磁绕组和定子外壳的绝缘	用欧姆表检查励磁绕组和定子外壳时,不应导通
检查电磁开关总成	（1）检查柱塞	推入柱塞,然后检查并确认其能快速回到原位。必要时,更换电磁起动机开关总成
	（2）检查牵引线圈是否存在开路	用万用表测量端子 50-端子 C 的电阻应低于1 Ω。如果结果不符合规定,则更换电磁起动机开关总成 端子C 端子50
	（3）检查保持线圈是否存在开路	用万用表测量端子 50-车身接地始终低于 2 Ω。如果结果不符合规定,则更换电磁起动机开关总成 端子50

续表

项　目		步骤和注意事项
检查传动机构	（1）检查传动装置	①握住电枢,当转动单向离合器外座圈时,驱动齿轮总成应能沿电枢轴自如滑动; ②检查小齿轮和花键及飞轮齿圈有无磨损和损坏 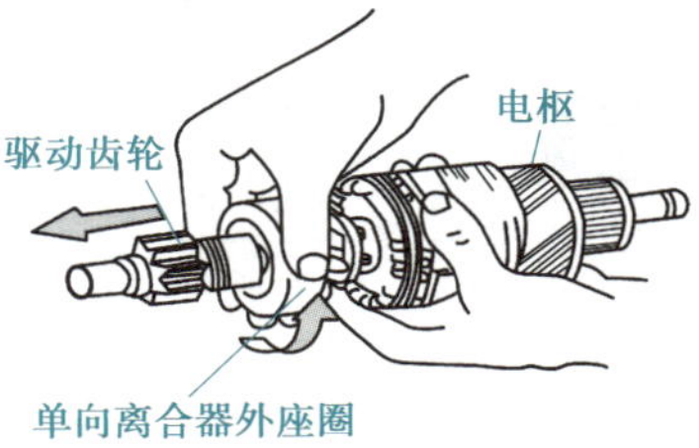 驱动齿轮　　电枢 单向离合器外座圈
	（2）检查单向离合器	握住外座圈,转动驱动齿轮,应能自由转动,反转时应锁住;否则应更换单向离合器 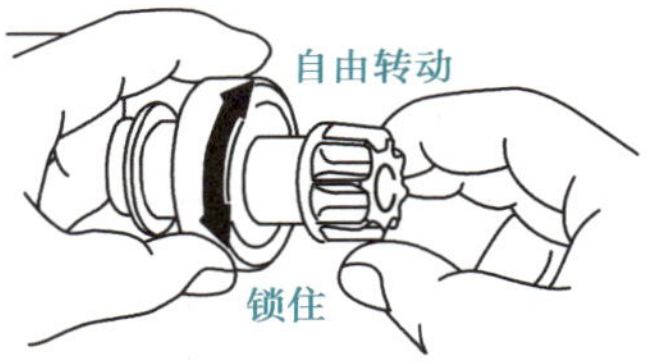 自由转动 锁住
起动机的装复	与拆卸相反的顺序装复	

★小提示

在装复后,应进行性能测试。在装车前,应进行空载测试。

【任务实施】

对实训汽车起动机进行解体检测。

（1）制订合理的检修计划,并完成表3-5的填写。

（2）将实训车辆上的起动机拆卸下来。

（3）对拆卸下来的起动机进行解体检测。

表 3-5 检修计划表

安全项目		措 施
工作安全	着装	
	场地	
	工具与设备	
	防火	
	电气设备	
	其他	
所需工量具		
"5S"		

【任务评价】

（1）完成表 3-6 的评价项目，并填写。

表 3-6 学习评价表

评价内容	记录要点
本次学习任务中，你主要完成了哪些内容	维修手册的正确使用□ 电磁开关的检测□ 接触盘与接触头的检测□ 换向器的检测□ 磁场线圈的检测□ 电刷与电刷架的检测□ 电枢线圈的检测□
本次学习任务中，主要还存在什么问题	
描述起动机的解体检测项目	
在学习过程中，你采取了哪些安全措施，请举例	

（2）如何判断起动机电磁开关是否工作？为什么？

【知识拓展】

1.起动机的检测分类

起动机的检测可分为解体检测和不解体检测两种。

解体检测随解体过程一同进行；一般在起动机的解体前，先进行不解体检测（见表 3-7），通过不解体性能检测可大致检测判断起动机的性能，并判断故障部位。起动机组装完毕后，也应进行性能检测，以保证起动机正常运行。

表 3-7　起动机不解体检测

项　　目	步骤和注意事项
（1）吸引线圈的性能测试	①将电磁开关上与起动机连接的端子（C）断开，与蓄电池负极连接；电磁开关壳体与蓄电池负极连接； ②将电磁开关上与点火开关连接的端子（50）与蓄电池正极连接。此时，起动机驱动齿轮应向外移出；否则说明电磁开关有故障，应予以修理或更换 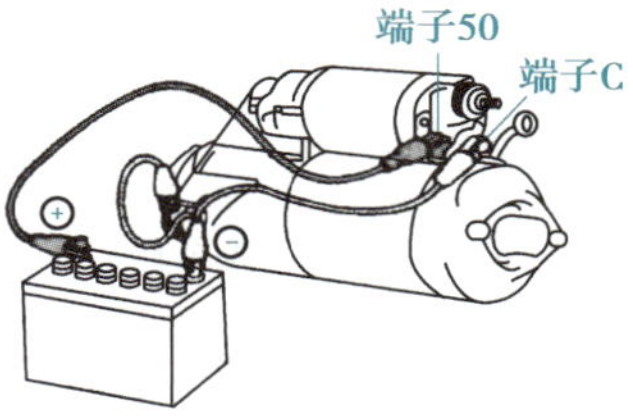 端子50　端子C
（2）保持线圈的性能测试	在吸引线圈性能测试的基础上，拆下电磁开关（C）端子上的线。此时，驱动齿轮应保持在伸出位置不动；否则说明保持线圈损坏或搭铁不正常，应修理或更换电磁开关 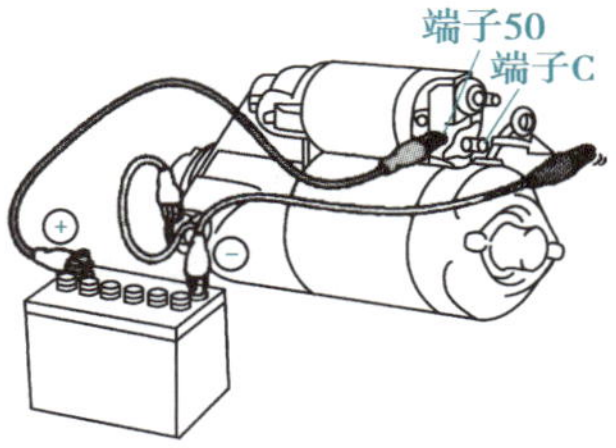 端子50　端子C
（3）驱动齿轮回位测试	在上述试验的基础上，再拆下壳体上的连接线，此时驱动齿轮应迅速复位。如不能复位，说明复位弹簧失效，应予以更换 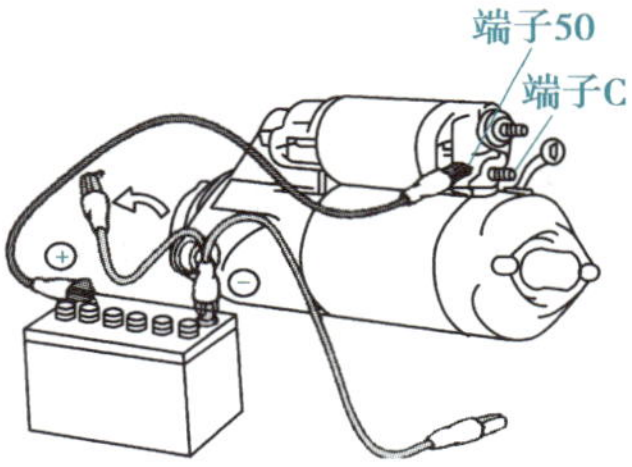 端子50　端子C
（4）空载测试	①固定起动机，按照下图的方法连接导线； ②检查起动机应平稳运转，同时驱动齿轮应移出； ③读取安培表的数值，应符合标准值； ④断开端子后，起动机应立即停止转动，同时驱动齿轮缩回 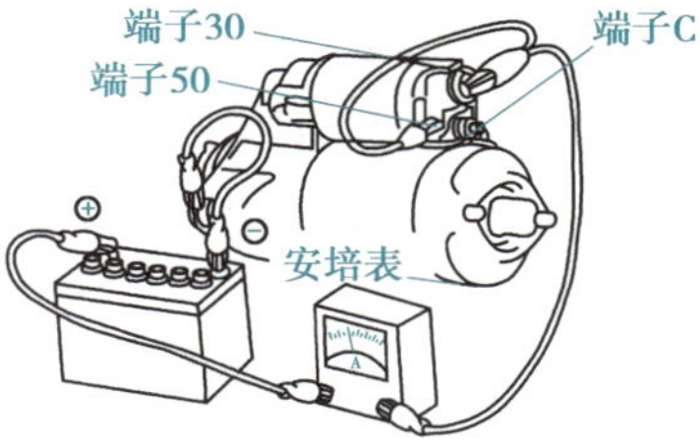 端子30　端子C 端子50 安培表

续表

项　目	步骤和注意事项
（5）驱动齿轮间隙的检查	①按照下图连接蓄电池和电磁开关； 端子50　端子C ②进行驱动齿轮间隙的测量。测量时，先把驱动齿轮推向电枢方向，消除间隙后测量驱动齿轮端和止动套圈间的间隙，并与标准值进行比较

2.全制动试验

全制动试验又称负载试验，是在空载试验通过后，再通过测量起动机全制动时的电流和转矩来检验起动机的性能良好与否。起动机性能实验方法如图 3-13 所示。将起动机夹持

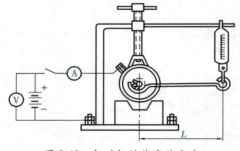

图 3-13　起动机性能实验方法

在试验台上，接通起动机电路，观察单向离合器是否打滑，并迅速记下电流表、电压表及弹簧秤的读数，其全制动电流和制动转矩应符合规定值。

如果电流大而转矩小，则表明磁场绕组或电枢绕组有短路或搭铁故障；如果转矩和电流都小，则表明起动机内接触电阻过大；若试验过程中电枢轴有缓慢转动，则说明单向离合器有打滑现象。

3.直流电动机的工作原理

直流电动机的基本工作原理是通电导体在磁场中受到电磁力作用，电磁力的方向遵循左手定则。如图 3-14 所示，两换向片分别与环状线圈的两端连接，电刷一端与换向器片相接触，另一端分别接蓄电池的正极和负极。在环状线圈中电流的方向交替变化，用左手定则判断可知，环状线圈在电磁力矩的作用下按顺时针方向连续转动。这样，在电源连续对电动机供电时，线圈就不停地按同一个方向转动。

为了增大输出转矩并使运转均匀，实际的电动机中电枢采用多匝线圈，随线圈匝数的增多，换向片的数量也要增多。

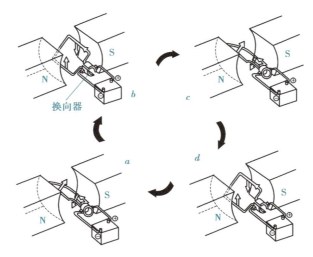

图 3-14 直流电动机工作原理

╱学习任务二╱ 起动电路故障的检修

某客户反映,车辆起动时,起动机不转动,无动作迹象。请查阅资料和维修手册,将该故障排除。

【知识准备】

一、起动系统的工作特征

起动系统的工作情况可通过起动时驱动齿轮的啮合情况和发动机的运转情况进行检查。起动系统正常工作时,应有以下特征:

(1)起动开关接通后,驱动齿轮应迅速与飞轮啮合,驱动齿轮和飞轮之间无连续打齿或撞击现象。

(2)起动机能带动发动机以高于最低起动转速(在一定条件下,发动机能起动的最低曲轴转速,汽油机一般为 50～70 r/min,柴油机一般为 100～150 r/min)持续运转一定时间,便于可燃混合气的形成和点燃。

(3)起动开关断开或者发动机起动后,起动系统能迅速停止工作。

二、起动机控制电路分类

1.直接控制电路

如图 3-15 所示为直接控制电路。该电路的特点是:电路简单,控制功能单一,对点火开关触点要求高。

2.带继电器间接控制电路

如图 3-16 所示为带继电器间接控制电路。该电路的特点是：继电器对点火开关起到保护作用，避免点火开关触点被烧蚀，延长使用寿命，降低维修难度。

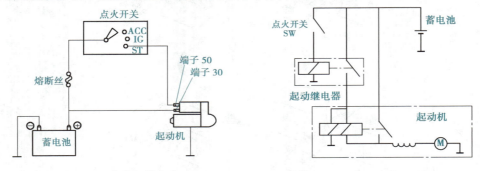

图 3-15　直接控制电路　　　　　　　图 3-16　带继电器间接控制

三、常见起动系统的电路图分析

如图 3-17 所示为丰田卡罗拉起动系统电路图。

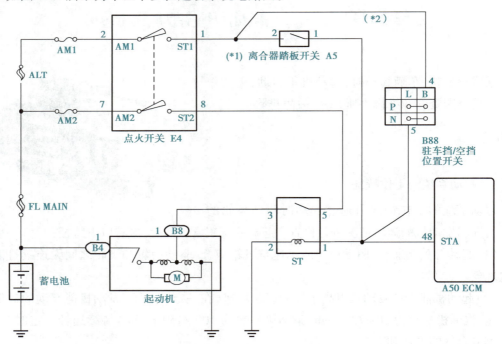

图 3-17　卡罗拉起动系统电路图

（1）起动机的 50 端子电路受起动继电器 ST 控制。

（2）起动继电器的电磁线圈受点火开关和离合器踏板开关或驻车/空挡位置开关共同控制。

（3）汽车起动系统最常见的故障表现为起动机不转动、起动机运转无力、起动机空转，以及电磁开关吸合不牢等现象。

起动系统常见故障的分析与诊断见表3-8。

表3-8　起动系统常见故障的分析与诊断

故障现象	原因分析	诊断思路
起动机不运转	蓄电池、点火开关、起动继电器、驻车/空挡位置开关或离合器踏板开关、线路故障,起动机内部故障	①接通起动挡,检查电磁开关; ②检查蓄电池; ③检查线路连接; ④检查起动机
起动机转动无力	蓄电池、电磁开关接触不良,换向器与碳刷接触不良,电枢绕组与磁场绕组匝间短路,机械磨损	①检查蓄电池极柱连接与放电程度; ②检查电磁开关; ③检查起动机
起动机空转	单向离合器打滑,飞轮或驱动齿轮损坏,拨叉与电磁开关或单向离合器与拨叉环脱开,机械磨损	①检查飞轮齿圈; ②检查单向离合器; ③检查驱动齿轮; ④检查拨叉组件连接
电磁开关吸合不牢	蓄电池、线路存在接触不良故障,电磁开关的保持线圈存在断路故障	①检查蓄电池连接; ②检查蓄电池放电情况; ③检查保持线圈是否断路

四、故障诊断流程

要迅速找到故障部位,合理的故障诊断流程可达到事半功倍的效果。起动机不运转故障诊断流程见表3-9。

表3-9　故障诊断流程

项　　目	操作步骤
（1）问诊 	通过对车主的询问了解故障症状,为后面的诊断工作提供翔实的第一手资料
（2）功能检查 	①通过功能检查确定故障是否属实,是否还有哪些部件不能正常工作; ②将点火开关置于"START"挡,确定故障现象

续表

项　目	操作步骤
（3）目测检查 	检查是否有明显损坏的部件
（4）电路分析 	①查阅维修手册，将起动系统控制电路图进行拆画； ②根据拆画的电路图进行故障分析； ③找出可疑的故障点； ④提出假设，确定检查项目
（5）修复验证 	①对可疑的故障点进行检测并修复； ②对修复后的结果进行验证
（6）故障排除 	如果证明假设的故障点不成立，重新提出新的假设，然后再去验证，直至将真正的故障点排除为止

【任务实施】

对实训车辆起动机不运转的故障进行检修。

（1）制订合理的检修计划，并完成表 3-10 的填写。

表 3-10　检修计划表

安全项目		措　施
工作安全 	着装	
	场地	
	工具与设备	
	防火	
	电气设备	
	其他	
所需工量具		
"5S"		

（2）根据诊断流程,结合检修工作计划,对起动系统电路进行检修。

①问诊并操作点火开关。通过问诊和操作,完成对故障车辆起动机不运转的故障检查,以确认故障的真实性。

②根据功能检查情况,确定检测项目,并完成表 3-11 的填写。

表 3-11　项目检测表

检测项目	检测内容（在需要的检测项后打"√"）
电路的检测	蓄电池□　保险丝□　起动继电器□　搭铁□　点火开关□　驻车/空挡位置开关或离合器踏板开关□　连接电路□
元件的检测	电磁开关□　接触盘与接触头□　磁场线圈□　换向器□　电刷与电刷架□　电枢线圈□

③按要求对确定的检测项目进行拆卸和检测,并填写表 3-12。

表 3-12　检测记录表

检测项目	测量数据	标准数据	维修建议

④请你整理出起动机不转动故障的诊断流程图。

【任务评价】

（1）请完成表 3-13 的评价项目,并填写。

表 3-13　学习评价表

评价内容	记录要点
本次学习任务中,你主要完成了哪些内容	维修手册的正确使用□　电路图的拆画□　蓄电池的检测□　保险丝的检测□　起动继电器的检测□　搭铁的检测□　点火开关的检测□　驻车/空挡位置开关或离合器踏板开关的检测□　连接电路的检测□　电磁开关的检测□　接触盘与接触头的检测□　磁场线圈的检测□　换向器的检测□　电刷与电刷架的检测□　电枢线圈的检测□
本次学习任务中,主要还存在什么问题	
讲述起动系统电路的检测流程	
在学习过程中,你采取了哪些安全措施,请举例	

（2）若起动机运转但驱动小齿轮不弹出来,请分析故障原因。

【任务拓展】

1.微机控制起动系统

如图 3-18 所示为微机控制的起动电路。该电路的特点如下:

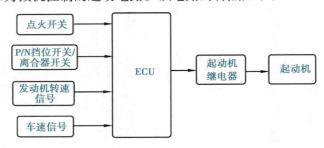

图 3-18　微机控制

①能防止驾驶人员误操作。

②防止起动机长时间工作,有效保护起动机。

③能实现发动机起停技术,节能环保。

④具有自诊断功能,能使用诊断器读取故障。

2.无钥匙起动系统

无钥匙起动系统(Keyless Start System)即起动车辆不用钥匙,按下车内按键或拧动导板即可使发动机点火,故称"一键起动",如图3-19所示。

该系统采用最先进的无线射频识别(RFID)技术,通过车主随身携带的智能卡里的芯片感应自动开关门锁。也就是说,当驾驶者走近车辆一定距离时,门锁会自动打开并解除防盗状态;当驾驶者离开车辆时,门锁会自动锁上并进入防盗状态。一般装备有无钥匙进入系统的车辆,其车门把手上有感应按钮,同时也有钥匙孔,是以防智能卡损坏或没电时,车主仍可用普通方式开启车门。当车主进入车内时,车内的应答系统会马上识别智能卡,经过确认后车内的计算机才会进入工作状态,这时只需踩住刹车,轻轻按动车内的起动按钮(或者是旋钮),就可正常起动车辆了。

若汽车的应答系统检查不到智能钥匙(见图3-20)或检测到错误的钥匙ID,计算机将不能被激活进入工作状态,也就无法起动车辆。

图3-19　无匙起动

图3-20　智能钥匙

项目四 | 汽车点火系统的检修

　　汽车点火系统是汽油发动机的重要组成部分。汽车点火系统的作用是在合适的点火时刻点燃汽缸内被压缩的可燃混合气,使其燃烧。点火系统性能的好坏对发动机的功率、油耗和排气污染等影响很大。作为汽车维修人员,有必要学会对汽车点火系统进行检修。

任务分解图:

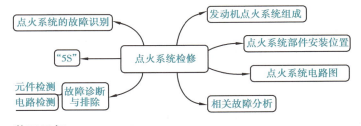

学习目标:

- 能叙述点火系统的组成、作用及工作原理;
- 通过查阅维修手册,能独立完成系统的元件更换;
- 能识读常见车型点火系统电路图;
- 能根据维修手册对点火系统故障的原因进行分析;
- 能与同学合作制订合理的诊断与维修计划;
- 能按维修手册的要求对常见点火系统故障进行检修。

学习任务一 / 火花塞的检测与更换

火花塞的作用是产生电火花,以点燃可燃混合气。如果点火电压足够高,中心电极和接地电极之间的间隙会导通,从而产生电火花。

火花塞的热值确定了火花塞具有最大自洁性能的最佳温度区间,使用错误的火花塞可能造成发动机和三元催化器损坏。

火花塞的检查与更换是车辆维护的必需项目,维修人员应按照行业标准及维修手册的要求对火花塞进行检查和更换。

【知识准备】

一、点火系统的作用及要求

1.点火系统的作用

点火系统如图 4-1 所示。其作用如下:

(1)将汽车蓄电池的低压电变成高压电。

(2)利用装在汽缸燃烧室内的火花塞间隙放电,产生电火花,将可燃混合气点燃做功。

(3)按照发动机的工作要求而自动调节点火时间,使点火可靠、准确。

2.对点火系统的要求

(1)能产生足以击穿火花塞电极间隙的高压电:10~30 kV。

(2)电火花应具有足够的能量:80~100 MJ。

(3)点火时间应与发动机的工作情况相适应。

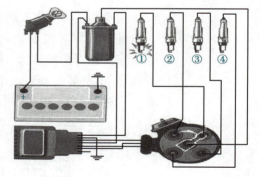

图 4-1　点火系统

二、传统点火系统

1.传统点火系统的组成

传统点火系统的组成如图 4-2 所示。

● 点火线圈:也称升压器,如图 4-3 所示。其作用是将初级绕组中的低压电转变为次级绕组中的高压电。次级绕组与初级绕组匝数比越大,则感应出的次级电压就越高。

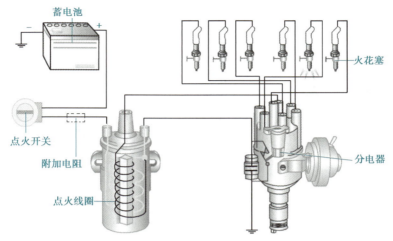

图 4-2　传统点火系统的组成

● 分电器:其组成如图 4-4 所示。

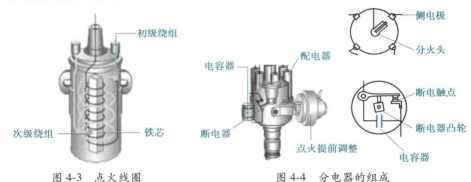

图 4-3　点火线圈

图 4-4　分电器的组成

● 火花塞:其作用是产生电火花(见图 4-5)。

2.传统点火系统的工作原理

传统点火系统的工作原理如图 4-6 所示。

接通点火开关,发动机带动断电器凸轮不断旋转,使断电器触点不断地开闭。

当断电器触点闭合时,蓄电池的电流从蓄电池正极出发,经点火开关、点火线圈的初级绕组、断电器活动触点臂、触点、分电器壳体搭铁流回蓄电池的负极。

当断电器的触点被凸轮顶开时,初级电路被切断,点火线圈初级绕组中的电流迅速降到零,线圈周围和铁芯中的磁场也迅速衰

图 4-5　火花塞

1—接线螺母;2—高氧化铝陶瓷绝缘体;3—商标;
4—钢质壳体(六角形);5—内垫圈(密封导热);
6—密封垫圈;7—中心电极导电杆;
8—火花塞裙部螺纹;9—电极间隙;
10—中心电极和侧电极;11—型号;12—去干扰电阻

65

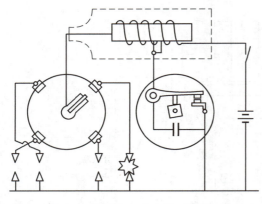

图 4-6　传统点火系统的工作原理

减以至消失。此时,在点火线圈的次级绕组中产生感应电压,称为次级电压。由于产生的次级电压很高,将火花塞电极击穿,从而产生电火花,点燃混合气。

三、电子点火系统

电子点火系统是在传统点火系统的基础上将部件功能集成化、模块化、智能化而形成的。电子点火系统又可分为普通电子点火系统和微机控制点火系统。

1.普通电子点火系统

普通电子点火系统就是采用点火信号发生器取代传统点火系统中的断电器触点,如图4-7所示。其他的工作过程与传统点火系统基本一致。分电器内的点火提前装置根据发动机转速和负荷变化对点火时刻进行控制。普通电子点火系统按照点火信号产生的方式,可分为电磁感应式、霍尔效应式和光电效应式;按照储存点火能量的方式分类,可分为电感蓄能式和电容储能式。

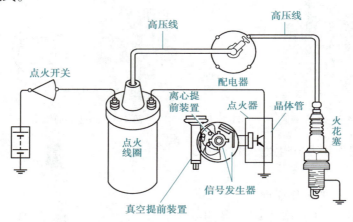

图 4-7　普通电子点火系统

2.微机控制点火系统

普通电子点火系统分电器内的点火提前装置只能根据发动机转速和负荷变化对点火时刻进行控制,但是影响点火时刻的因素除转速和负荷外,还有发动机冷却液温度、进气温度和节气门开度等,因此,普通电子点火系统不能满足发动机最佳点火时刻的要求。微机控制点火系统主要由电源、传感器、电控单元、点火模块、点火线圈及火花塞等组成,是在普通电子点火系统基础上取消了分电器中的点火提前装置,采用微机接收各传感器信号(主要为曲轴位置传感器或凸轮轴位置传感器信号),经过运算后,得出最佳的点火时刻,向点火模块发出指令,以进行点火正时、点火提前及发动机在各种运转状况时的点火时间修正,从而获得相对最佳的动力性、经济性和环保指数,如图4-8所示。

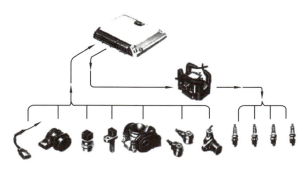

图 4-8　微机控制点火系统

四、火花塞

1.火花塞的作用

火花塞的作用是将点火线圈产生的高压电流引入汽缸,并在其电极间形成电火花,点燃可燃混合气。

火花塞电极间的间隙对火花塞的工作有很大影响,间隙过小,则火花微弱,并且容易因积炭而漏电;间隙过大,所需击穿电压增高,发动机不易起动,并且在高速时容易发生"缺火"现象。因此,火花塞间隙应适当,一般蓄电池点火系统使用的火花塞间隙为 0.7~0.9 mm,个别火花塞间隙可在 1.0 mm 以上。

2.火花塞的类型

火花塞的类型如图 4-9 所示。

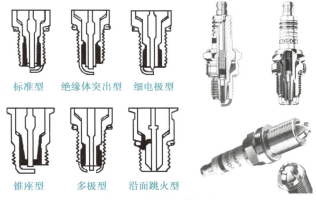

标准型　　绝缘体突出型　　细电极型

锥座型　　多极型　　沿面跳火型

图 4-9　火花塞的类型

> ★小提示
>
> 火花塞使用的材质对它的更换周期有决定性影响。目前,市场上主流的火花塞有铜芯、镍合金芯、铂金芯及铱金芯。铜芯建议每隔 2 万~3 万 km 更换一次;镍合金芯的周期比铜芯稍长,在 4 万~6 万 km 更换即可;铂金芯和铱金芯的火花塞金属特性较稳定,抗氧化能力好,故使用寿命会相对长些,建议每隔 8 万 km 更换一次铂金芯,建议每隔 10 万km 更换一次铱金芯。

3.火花塞的异常表现

正常工作的火花塞呈浅棕色或灰白色。如果火花塞烧蚀严重或被机油污染,可能无法对可燃混合气进行最佳点燃,同时也可能导致缺火,最终造成三元催化器损坏。因此,每次更换火花塞时,都必须仔细检查拆下的火花塞,以判断发动机是否工作正常,如图 4-10 所示。如果火花塞存在过度烧蚀、积炭严重等故障,应进一步诊断故障原因,并加以排除。

图 4-10　火花塞的烧蚀和新火花塞

4.火花塞的检查

火花塞的检查主要包括接线柱、中央电极、搭铁电极、螺纹、垫片及瓷体等,并将积炭清除。使用间隙量规来检查火花塞间隙。不同火花塞的电动机间隙有细微差别,检修时可参照维修手册。

火花塞的检查见表4-1。

表 4-1　火花塞的检查

项　目	技术要求
目视检查	①正常工作:棕色或浅灰褐色,并且带少量白色粉状沉积物,是带添加剂的燃油正常燃烧的副产品; ②积炭:干燥、蓬松的黑炭或烟灰,燃油混合气过浓; ③沉积物污染:机油、冷却液或含硅等物质的添加剂(降低火花强度,颜色很白的覆盖层)。大多数粉状沉积物不会影响火花强度,除非它们在电极上形成上釉层
检查接线柱 1	接线柱是否松动; 接线柱是否弯曲; 接线柱是否断裂

续表

项　目	技术要求
检查绝缘体 2	火花塞套管是否损坏； 火花塞绝缘体是否击穿； 火花塞绝缘体是否积炭； 汽缸盖火花塞槽部位是否潮湿； 汽缸盖的火花塞槽部位存在机油、水、冷却液等； 火花塞绝缘体是否有裂纹
检查是否有异常电弧放电的迹象	测量侧电极 3 和中心电极 4 端子之间的间隙：火花塞间隙除 LFH，LUW 和 LWE 外，全部应为 0.8~0.9 mm； 火花塞的 LFH，LUW 和 LWE 间隙应为 0.6~0.7 mm； 检查火花塞扭矩，火花塞扭矩应为 25 N·m； 检查侧电极 3 是否断裂或磨损； 中心电极 4 是否断裂、磨损或松动，是否有"喀啦"声； 电极 3，4 之间是否存在桥接短接现象； 电极是否过于脏污； 汽缸盖的火花塞槽部位是否有碎屑

5.火花塞的更换

火花塞的更换根据点火系统的不同存在细微差别。对于非独立式的点火系统来说，火花塞更换比较简单。其具体步骤如下：

（1）打开发动机机舱盖，取下发动机盖板，拆下火花塞上的高压缸线，如图 4-11 所示。

（2）用火花塞套筒，依次拆下 4 个火花塞。

（3）换上新的火花塞，以 25 N·m 力矩紧固。

（4）接上高压缸线。

图 4-11　高压缸线

独立式的点火系统则要先拆点火线圈。其具体拆装见本项目的学习任务二。

★小提示

拆高压缸线时，要注意轻拉；拆火花塞之前，要清理表面杂物；安装时，切勿贸然用力拧，先用手试一下是不是能顺利拧进；高压缸线的安装一定要按照点火顺序进行。

【任务实施】

对实训车辆的发动机火花塞进行检查。

（1）制订合理的检查计划，并完成表 4-2 的填写。

表 4-2 检查计划表

安全项目		措　施
工作安全	着装	
	场地	
	工具与设备	
	防火	
	电气设备	
	其他	
所需工量具		
"5S"		

（2）按表 4-3 的步骤，结合所学知识对火花塞进行检查，记录检查结果，并完成表 4-3 的填写。

表 4-3 火花塞检查

项　目	检查要点记录
目视检查	火花塞的颜色是否正常： 是□　　否□ 火花塞是否积炭： 是□　　否□ 火花塞是否有白色的沉积物： 是□　　否□
检查接线柱	接线柱是否松动：　　　是□　　　否□ 接线柱是否弯曲：　　　是□　　　否□ 接线柱是否断裂：　　　是□　　　否□
检查绝缘体	火花塞套管是否损坏：　　　　是□　　　　否□ 火花塞绝缘体是否击穿：　　　是□　　　　否□ 火花塞绝缘体是否积炭：　　　是□　　　　否□ 汽缸盖火花塞槽部位是否潮湿：是□　　　　否□ 汽缸盖的火花塞槽部位存在： 机油□　　　水□　　　冷却液□　　　无□ 火花塞绝缘体是否有裂纹：　　是□　　　　否□

续表

项　　目	检查要点记录
检查是否有异常电弧放电的迹象	测量中心电极 4 和侧电极 3 端子之间的间隙： 正常□　　　　不正常□ （火花塞间隙：全部（除 LFH,LUW 和 LWE）0.8～0.9 mm；LFH,LUW 和 LWE 间隙 0.6～0.7 mm） 检查火花塞扭矩：　　　　　　　正常□　　　不正常□ （火花塞扭矩：25 N·m） 检查侧电极 3 是否断裂或磨损：　　是□　　　否□ 中心电极 4 是否断裂、磨损或松动：　是□　　　否□ 是否有"喀啦"声：　　　　　　　　是□　　　否□ 电极 3,4 之间是否存在桥接短接现象：是□　　　否□ 电极是否过于脏污：　　　　　　　　是□　　　否□ 汽缸盖的火花塞槽部位是否有碎屑：　是□　　　否□

【任务评价】

（1）完成表 4-4 的评价项目,并填写。

表 4-4　学习评价表

评价内容	记录要点
本次学习任务中,你主要完成了哪些内容	维修手册的正确使用□　火花塞的目视检查□　火花塞的间隙测量□　火花塞的漏电测量□　汽缸盖火花塞槽的检查□
本次学习任务中,主要还存在什么问题	
叙述火花塞的热特性	
在学习过程中,你采取了哪些安全措施,请举例	

（2）通过操作,思考并回答以下问题：

①火花塞的检查应注意哪些细节？

②如果火花塞间隙不合适,车辆会出现哪些故障？

【任务拓展】

1.火花塞的热值

火花塞的热值是指火花塞受热和散热能力的一个指标。火花塞自身所受热量的散发量,称为热值。火花塞热值包括 1～9 这 9 个数字。其中,1～3 为低热值,4～6 为中热值,7～9

为高热值。能大量散热的,称为冷型火花塞。冷型火花塞(高热值)的绝缘体裙部相对较短,由于散热途径较短,散热相对较多,因此,不易造成中心电极温度的上升。相对散热量较小的,称为热型火花塞。如图4-12所示,热型火花塞(低热值)的绝缘体裙部较长,裙部越长,受热面积就越大,传导热量的距离就越长,故散热少,中心电极温度较高。一般来说,低热值的火花塞更适用于低速、低压缩比的小功率发动机,而高热值火花塞则适用于高速、高压缩比的大功率发动机。热值的高低取决于缸内混合气温度和火花塞的设计。火花塞的热值确定了火花塞具有最大自洁性能的最佳温度区间,使用错误的火花塞可能造成发动机和三元催化器损坏。

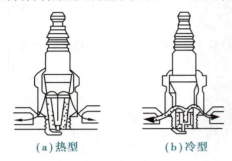

(a)热型　　　　(b)冷型

图 4-12　火花塞的热特性

2.火花塞的型号

火花塞的型号由3部分组成:第一部分为汉语拼音字母,表示火花塞结构类型及主要形式尺寸;第二部分为阿拉伯数字,表示火花塞的热值;第三部分为汉语拼音字母,表示火花塞派生产品结构、结构特征、材料特性及特殊技术要求。火花塞派生产品的特征与特性排列顺序见表4-5。

表 4-5　火花塞特征

顺序	字母	特征与特性	顺序	字母	特征与特性
1	P	屏蔽型火花塞	7	H	环状电极火花塞
2	R	电阻型火花塞	8	U	电极缩入型火花塞
3	B	半导体型火花塞	9	V	V型电极火花塞
4	T	绝缘体突出型火花塞	10	C	镍铜复合电极火花塞
5	Y	沿面跳火型火花塞	11	G	贵金属火花塞
6	J	多电极型火花塞	12	F	非标准火花塞

例如:

火花塞型号 B K 5 R E -11

螺纹直径14 mm　外侧2个电极　热值为中　内有电阻　螺纹长度19 mm　火花间隙1.1 mm

/学习任务二/　点火线圈的检测与更换

现代汽车普遍采用电控发动机。点火线圈对发动机而言起着至关重要的作用。点火线圈作为产生高压的关键部件,它的工作状况直接影响发动机的正常运行。作为维修人员,正确、规范地对点火线圈的检测与更换就显得尤为重要。

【知识准备】

一、点火线圈的种类

（1）点火线圈分开磁路点火线圈和闭磁路点火线圈两种，如图 4-13 所示。

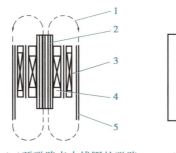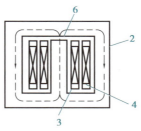

（a）开磁路点火线圈的磁路　　　　（b）闭磁路点火线圈的磁路

图 4-13　点火线圈的磁路

1—磁力线；2—铁芯；3—初级绕组；4—次级绕组；5—导磁钢片；6—空气隙

（2）点火线圈按照点火方式，可分为双缸点火线圈和单缸点火线圈（又称独立点火线圈），如图 4-14 所示。

（a）双缸点为线圈　　　　（b）单缸点为线圈

图 4-14　不同点火方式的点火线圈

（3）新型点火线圈。

如图 4-15 所示为新型点火线圈。它的所有部件（包括最终输出级）作为一个完整的单元安装在一个特殊的杆形点火模块壳体内。壳体通过短的高压插头与火花塞凹槽中的火花塞实现电气和机械连接。部件通过螺栓进行固定，点火线圈的四针插头和火花塞凹槽均经过密封防水溅处理。

科鲁兹 LDE 发动机点火线圈模块在单个密封部件中集成了 4 个线圈和点火控制模块，如图 4-16 所示。

点火线圈模块具有以下电路：

①一个点火电压电路。

②一个搭铁。

③一个低电平参考电压电路，4 个点火线圈控制电路。

发动机控制模块通过将点火线圈控制电路上的正时脉冲发送至各个点火线圈促发点火

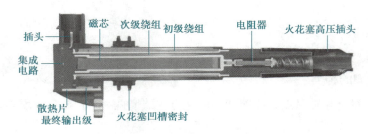

图 4-15　新型点火线圈（Cayenne V8 发动机用）

图 4-16　点火线圈（科鲁兹 LDE 发动机用）

来控制各个线圈。

　　火花塞通过一个短护套与各个线圈相连。护套包含一个弹簧，此弹簧将点火能量从线圈传递到火花塞。火花塞电极顶部镀铂，以延长寿命并提高效率。

> ★小提示
>
> 　　低电平参考电压电路至点火线圈上的开路或电阻过大可能导致缺火。不稳定或弱火花被当成无火花。

二、点火系统电路

　　如图 4-17、图 4-18 所示为不同点火方式的电路图。

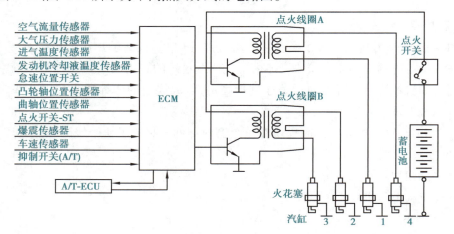

图 4-17　电控发动机控制双缸点火系统示意图

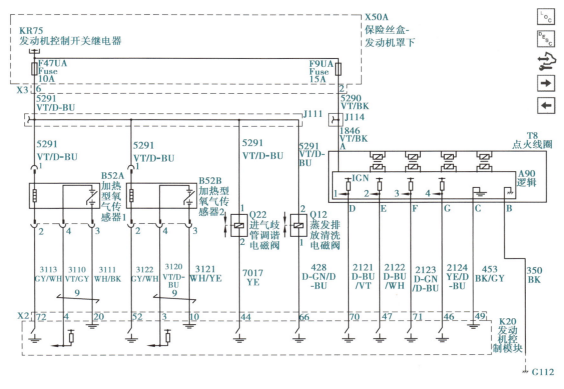

图 4-18　科鲁兹 LDE 发动机控制独立点火系统示意图

　　微机控制式点火系统产生并控制高能量的次级火花。该火花在准确的时间点燃压缩空气/燃油混合气,提供最佳的动力性能、燃料经济性和废气排放控制。发动机控制模块(ECM)收集来自曲轴位置传感器(CKP)和进气/排气凸轮轴位置(CMP)传感器的信息,确定每个汽缸火花的点火顺序、闭合角和正时。发动机控制模块向独立的点火控制电路上的点火线圈模块发射一个频率信号,以对火花塞进行点火。

三、点火线圈的检测

　　点火线圈的检测见表 4-6。

表 4-6　点火线圈检测

检测项目		技术要求
传统点火线圈	外观检查	点火线圈外部检查主要包括:外壳的清洁检查,外壳是否完好,型号是否相符;有无裂损或绝缘物溢出;各接线柱连接是否牢靠。若发现绝缘盖破裂或外壳损伤,应予以更换
	初级绕组检查	检查线圈是否短路、断路和搭铁。用万用表欧姆挡测量,表笔分别接 1,4 接线柱。阻值应符合技术要求,否则应更换。一般阻值为 1.5~4 Ω

续表

检测项目		技术要求
传统点火线圈	次级绕组检查	用万用表 20 kΩ 欧姆挡测量,表笔分别接 1,4 接线柱。阻值应符合技术要求,否则应更换。一般阻值为 5~15 kΩ
独立点火线圈	独立点火线圈检查	因独立的点火线圈插头的各端子间电压值不一样,用万用表不能判定点火线圈的好坏。可在车上用示波器进行动态检查,或用替代法进行检查

四、点火线圈的更换

1.独立点火线圈的更换与拆卸步骤

(1)移除发动机盖板。

(2)断开蓄电池负极电缆的连接。

(3)断开点火线圈电气连接器 1(4 个)连接,如图 4-19 所示。

(4)移除点火线圈紧固件 1(4 个),如图 4-20 所示。

(5)移除点火线圈 2(4 个),如图 4-20 所示。

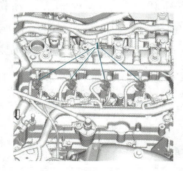

图 4-19　点火线圈电线接头

1—连接器

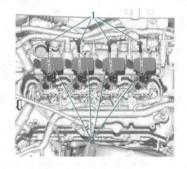

图 4-20　点火线圈拆卸

1—紧固件;2—点火线圈

(6)与拆卸顺序相反,安装新的点火线圈。

2.更换点火线圈

以科鲁兹 LDE 发动机为例,科鲁兹点火线圈的更换见表 4-7。

表 4-7　科鲁兹点火线圈的更换

操作步骤	图　示
①将发动机线束导管 1 从汽缸盖上拆下； ②断开点火线圈插头 2,注意盖上的箭头； ③沿箭头方向拆下点火线圈的盖； ④拆下 2 个点火线圈螺栓	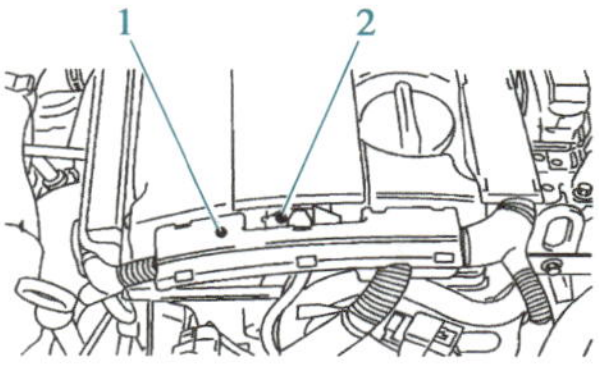
⑤安装 EN-6009 拆卸工具/安装工具 1； ⑥拆下点火线圈 2； ⑦拆下 EN 6009 拆卸工具/安装工具 1	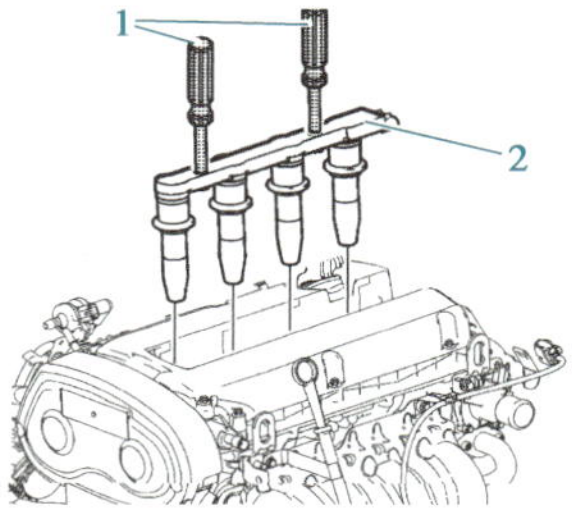
按拆卸的相反顺序进行安装	—

【任务实施】

根据维修手册的要求对实训发动机点火线圈进行检测。

(1)制订合理的检修计划,完成表 4-8 的填写。

表 4-8　检修计划表

安全项目		措　施
工作安全 	着装	
	场地	
	工具与设备	
	防火	
	电气设备	
	其他	
所需工量具		
"5S"		

(2)根据维修手册,结合检修工作计划,对点火线圈进行测量,并完成表 4-9 的填写。

表 4-9　检修项目表

检测项目及维修建议	检测结果		
基本测量	机油量：　　正常□　　偏少□　　偏多□ 蓄电池电压＿＿＿＿＿V　　正常□　　不正常□		
从车上拆下点火 线圈并进行检查	检测项目	测量值	是否正常
	初级绕组		
	次级绕组		
维修建议			

注意：完成修理后执行"诊断修理检验"。

（3）排除故障后，按维修手册要求对确定的故障部件进行拆卸和更换。

【任务评价】

（1）完成表 4-10 的评价项目，并填写。

表 4-10　学习评价表

评价内容	记录要点
本次学习任务中，你主要完成了哪些内容	维修手册的正确使用□　电池的测量□　机油量的检查□　点火线圈的拆卸□　点火线圈的检测□
本次学习任务中，主要还存在什么问题	
如何判断点火线圈是否损坏	
在学习过程中，你采取了哪些安全措施，请举例	

（2）点火线圈工作不良对发动机有什么影响？

【任务拓展】

别克威朗 L3G 发动机点火系统

电子点火系统产生并控制高能量的次级火花，以提供最佳的动力性能、燃油经济性和废气排放控制。此点火系统为每个汽缸使用单独的线圈，如图 4-21 所示。点火线圈安装在每个凸轮轴盖的中心，用短的整体护罩将线圈连接到火花塞上。发动机控制模块（ECM）可命令每个点火线圈中的驱动器模块接通/断开。发动机控制模块主要使用发动机转速、质量空气流量（MAF）传感器信号以及来自曲轴位置和凸轮轴位置传感器的位置信息。它可控制火花的顺序、停止和正时。电子点火系统由下列部件组成：曲轴位置传感器、凸轮轴位置传感器、爆震传感器、点火线圈及发动机控制模块（ECM）。

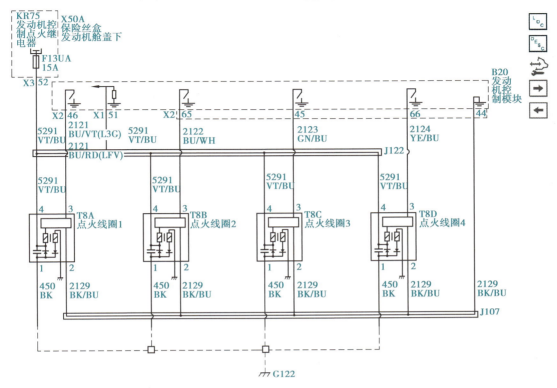

图 4-21 别克威朗 L3G 发动机控制点火系统示意图

1.曲轴位置传感器

曲轴位置传感器与曲轴上的磁阻轮(前部安装曲轴位置传感器)或飞轮上的磁阻轮(后部安装曲轴位置传感器)一起工作。发动机控制模块(ECM)监测曲轴位置传感器信号电路的电压频率。当每个磁阻轮齿转过传感器时,传感器产生一个数字开/关脉冲。该数字信号由发动机控制模块(ECM)进行处理。这将创建一个信号模式,使发动机控制模块(ECM)能确定曲轴的位置。仅根据曲轴位置信号,发动机控制模块就可确定哪一对汽缸正在接近上止点。使用凸轮轴位置传感器信号,确定这两个汽缸中的哪个处于压缩行程,哪个处于排气行程。发动机控制模块以此使点火系统、燃油喷射器和爆震控制正确同步。此传感器也用来检测缺火。

2.凸轮轴位置传感器

L3G 发动机为每个凸轮轴使用一个凸轮轴位置传感器。凸轮轴位置传感器信号是数字开/关脉冲,凸轮轴每转一圈输出 4 次。凸轮轴位置传感器不直接影响点火系统的运行。发动机控制模块(ECM)使用凸轮轴位置传感器信息,确定凸轮轴相对于曲轴的位置。通过监测凸轮轴位置和曲轴位置信号,发动机控制模块可使燃油喷射器的工作精确正时。发动机控制模块(ECM)向凸轮轴位置传感器提供 5 V 参考电压电路和低电平参考电压电路。凸轮轴位置传感器信号可输入发动机控制模块(ECM)。这些信号还可用于监测凸轮轴与曲轴的对齐情况。

3.爆震传感器

爆震传感器系统可使发动机控制模块(ECM)控制点火正时以尽可能获得最佳性能,同时保护发动机免受潜在的爆震损害,即火花爆震。爆震传感器系统使用一个或两个平面响应双线传感器。传感器使用压电晶体电动技术,根据发动机振动或噪声水平产生一个振幅和频率变化的交流电压信号。振幅和频率取决于爆震传感器检测到的爆震水平。发动机控制模块(ECM)通过高电平信号电路和低电平信号电路接收爆震传感器信号。

怠速时,发动机控制模块(ECM)从爆震传感器读入最小噪声级或背景噪声,并在其余的发动机转速范围内使用校准值。发动机控制模块(ECM)利用最小噪声级来计算噪声信道。正常的爆震传感器信号将在噪声信道中传送。随着发动机转速和载荷的变化,噪声信道的上下参数将会改变,以适应正常的爆震传感器信号,使信号保持在信道中。为确定爆震汽缸,当每个汽缸接近点火冲程的上止点(TDC)时,发动机控制模块(ECM)仅使用爆震传感器信号信息。如果存在爆震,信号将在噪声信道外。如果发动机控制模块(ECM)确定爆震存在,它将延迟点火正时,以尝试消除爆震。发动机控制模块将努力返回至零补偿水平或无火花延迟。异常的爆震传感器信号将在噪声信道外或不存在。爆震传感器诊断校准程序可用于检测发动机控制模块内部的爆震传感器电路、爆震传感器线路或爆震传感器电压输出是否有故障。

4.点火线圈

每个点火线圈包含一个固态驱动器模块作为主元件。发动机控制模块(ECM)向线圈驱动器发送信号,在适当的时刻向点火控制电路施加电压以起动点火,其相反的状态被称为停止。当电压被去除后,线圈使火花塞点火。

5.发动机控制模块(ECM)

发动机控制模块控制所有点火系统功能,并持续修正火花正时,发动机控制模块监测来自各种传感器的输入信息。

项目五 | 汽车灯光系统的检修

　　汽车灯光系统包括汽车车外灯光与车内灯光,其作用主要是用来照明或者作为提醒、警示的信号,以保证车辆行驶安全。

　　在汽车上用于照明的灯主要有前照灯和雾灯,作为信号的灯主要有制动灯、转向灯和示宽灯(小灯)等。灯光系统在使用过程中容易发生故障。作为汽车维修人员,有必要学会对汽车的灯光系统进行检修。

任务分解图:

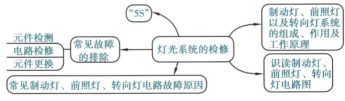

学习目标:

- 能叙述制动灯、前照灯和转向灯系统的组成、作用及工作原理;
- 通过查阅维修手册,能独立完成系统的元件更换;
- 能识读常见车型制动灯、前照灯和转向灯系统的电路图;
- 能根据维修手册对引起制动灯、前照灯和转向灯系统故障的原因进行分析;
- 能与同学合作制订合理的诊断与维修计划;
- 能按专业要求对制动灯、前照灯和转向灯系统的常见故障进行检修。

学习任务一 / 制动灯不亮的检修

当踩下制动踏板时,制动灯应亮;松开制动踏板时,制动灯应熄灭。某车主反映,车辆在踩下制动踏板时,左后侧制动灯不亮。作为维修人员,请按专业要求对左后侧制动灯故障进行检修。

【知识准备】

一、制动灯系统的组成及安装位置

1.制动灯的作用及安装位置

制动灯的作用是提醒后车减速,防止后车追尾。其安装位置如图 5-1 所示。

2.制动灯电路的组成

制动灯电路的组成如图 5-2 所示。

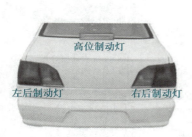

图 5-1　制动灯的安装位置

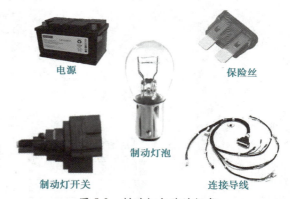

图 5-2　制动灯电路的组成

3.制动灯开关的作用及安装位置

制动灯开关的作用是接通和切断制动灯电路。其安装位置如图 5-3 所示。

二、维修手册电路图的识读(以德系车为例)

汽车电气设备较多,一般常用如图 5-4 所示的电路图来表达。

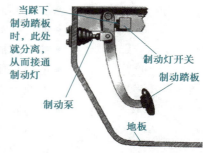

图 5-3　制动灯开关安装位置

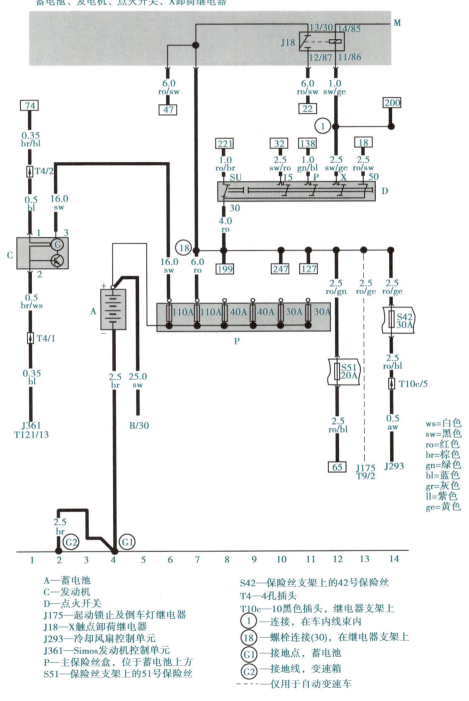

蓄电池、发电机、点火开关、X卸荷继电器

图 5-4　维修手册电气设备电路图

A—蓄电池
C—发动机
D—点火开关
J175—起动锁止及倒车灯继电器
J18—X触点卸荷继电器
J293—冷却风扇控制单元
J361—Simos发动机控制单元
P—主保险丝盒，位于蓄电池上方
S51—保险丝支架上的51号保险丝

S42—保险丝支架上的42号保险丝
T4—4孔插头
T10c—10黑色插头，继电器支架上
①—连接，在车内线束内
⑱—螺栓连接(30)，在继电器支架上
G1—接地点，蓄电池
G2—接地线，变速箱
－－－—仅用于自动变速车

ws=白色
sw=黑色
ro=红色
br=棕色
gn=绿色
bl=蓝色
gr=灰色
ll=紫色
ge=黄色

1.电路图中常见符号的含义

电路图中常见符号的含义见表5-1。

表 5-1　电路图中常见符号的含义

符　号	对应的实物名称	含　义
 T4/2	插接器 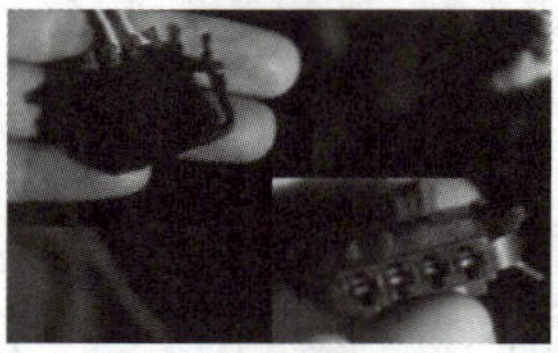	T4 表示此插接器有 4 个端子,2 表示此端子为第 2 个
 S26 10A	保险丝 	S26 表示此保险丝为保险架上的第 26 号保险,10 A 表示该保险丝应为 10 A
 2.5 SW/ro	导线截面积、颜色 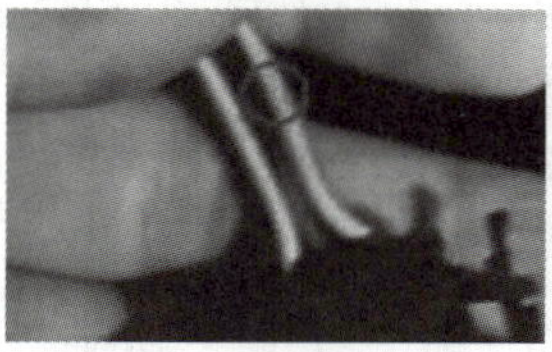	2.5 表示导线的直径为 2.5 mm,SW/ro 表示该线的颜色
 (18)	连接线或连接点 	细直线表示多条线在此连接,(18) 为说明编码,电路图下方注释中有详细说明
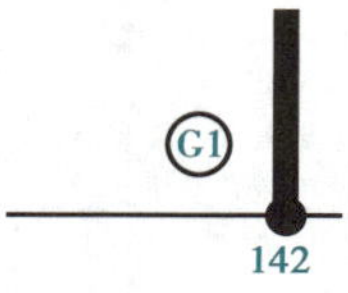 G1 142	搭铁 	G1 表示搭铁点位置,电路图的注释中会有详细说明;142 为设备所在电路图中的地址编码

2.维修手册中制动灯电路图的识读

以捷达汽车维修手册为例。

(1)从目录中找到制动灯对应的页码 Nr.2/11。

(2)在对应的页码中找到对应的用电设备,如图 5-5 所示的制动灯 M20、M21 和高位制动灯 M25。

(3)下行找到搭铁位置,如图 5-6 所示。

(4)上行找到相关的控制开关以及保险丝、电源,如图 5-7 所示。

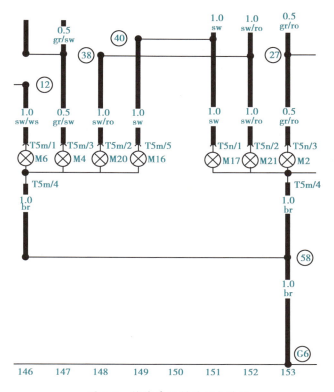

图 5-5 维修手册制动灯电路图

图 5-6 搭铁点

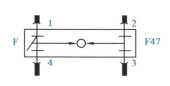

图 5-7 制动灯开关、保险丝及电源

（5）拆画电路图，如图 5-8 所示。

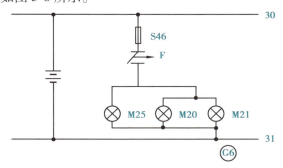

图 5-8 制动灯电路拆画图

> ★小提示
>
> 在图 5-8 中,30 表示蓄电池常电源线,31 表示搭铁线。

三、故障原因

由图 5-8 电路分析可知,造成左侧制动灯不亮的可能原因为:

(1)左侧制动灯损坏。

(2)制动灯开关至左侧制动灯电路断路。

(3)左侧制动灯灯座损坏。

制动灯常见故障分析与诊断见表 5-2。

表 5-2　制动灯常见故障分析与诊断

故障现象	原因分析	诊断思路
所有制动灯均不亮	电路故障: 保险丝烧坏; 制动开关损坏; 搭铁不良; 连接线路断路	检查保险丝; 检查制动灯开关; 清洁、紧固搭铁; 检查电路
某个制动灯不亮	制动灯灯具损坏; 制动开关至故障制动灯线路断路	检查制动灯灯泡及灯座; 检查制动灯开关及灯的电路
制动灯常亮	制动灯开关断路; 制动踏板不能回位	检查制动灯开关; 检查制动踏板回位装置

四、故障诊断流程

要迅速找到故障部位,合理的故障诊断流程可达到事半功倍的效果。制动灯故障诊断流程见表 5-3。

表 5-3　制动灯故障诊断流程

项　目	操作步骤
(1)问诊	通过对车主的询问了解故障症状,为后面的诊断工作提供翔实的第一手资料
(2)功能检查	①通过功能检查确定故障是否属实,是否还有哪些部件不能正常工作; ②踩下制动踏板,制动开关接通,检查制动灯是否亮

续表

项　目	操作步骤
（3）目测检查 	检查是否有明显的部件损坏、线路松动或脱落
（4）电路分析 	①查阅维修手册，将制动灯电路图进行拆画； ②根据拆画的电路图进行故障分析； ③找出可疑的故障点； ④提出假设，确定检查项目
（5）修复验证 	①对可疑的故障点进行检测并修复； ②对修复后的结果进行验证
（6）故障排除 	如果证明假设的故障点不成立，重新提出新的假设，然后再去验证，直至将真正的故障点排除为止

【任务实施】

对制动灯电路进行检查。

（1）制订合理的检查计划，并完成表5-4的填写。

表5-4　检查计划表

安全项目		措　施
工作安全 	着装	
	场地	
	工具与设备	
	防火	
	电气设备	
	其他	
所需工量具		
"5S"		

图 5-9　制动踏板

（2）根据诊断流程，结合检修工作计划，对制动灯系统进行检修。

①问诊，踩下制动踏板，如图 5-9 所示。

踩下制动踏板，观察制动灯是否亮，并记录。

所有制动灯都不亮□　　　　左后制动灯不亮□

右后制动灯不亮□

②根据功能检查情况，确定检测项目，并完成表 5-5 的填写。

表 5-5　检测项目表

检测项目	检测内容（在需要的检测项后打"√"）
电路的检测	电源至保险丝电路□　保险丝至开关□　制动灯开关至灯电路□　搭铁□　连接电路□
元件的检测	灯泡□　　制动灯开关□　　保险丝□

③按要求对确定的检测项目进行拆卸和检测。

【任务评价】

（1）完成表 5-6 的评价项目，并填写。

表 5-6　学习评价表

评价内容	记录要点
本次学习任务中，你主要完成了哪些内容	维修手册的正确使用□　电路图的拆画□　电源的检测□　保险丝的检测□　开关的检测□　制动灯泡的检测□　电路的检测□
本次学习任务中，主要还存在什么问题	
如何判断制动灯开关是否损坏	
在学习过程中，你采取了哪些安全措施，请举例	

（2）若故障现象为所有制动灯都不亮，请分析引起该故障的原因，并叙述如何排除故障。

| 学习任务二 /　前照灯不亮的检修

晚上行车时需要开启前照灯照明,以保证行车的安全性。某车主反映,车辆在使用前照灯时,左侧前远光灯不亮。作为维修人员,请按专业要求对左侧前远光灯故障进行检修。

【知识准备】

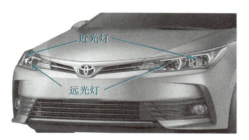

图 5-10　前照灯安装位置

一、前照灯系统的组成及安装位置

1.前照灯的作用及安装位置

前照灯的作用是行车时照亮汽车前面,保证行车安全。前照灯分远光灯和近光灯。其安装位置如图 5-10 所示。

2.前照灯电路系统的组成

前照灯电路系统的组成如图 5-11 所示。

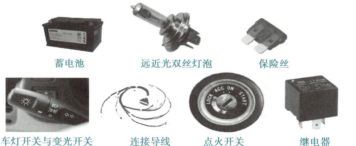

蓄电池　　远近光双丝灯泡　　保险丝

车灯开关与变光开关　　连接导线　　点火开关　　继电器

图 5-11　前照灯电路系统的组成

操作变光开关可实现远光、近光的转换。如图 5-12 所示为远光灯、近光灯的标志。

（a）远光灯　　　　（b）近光灯

图 5-12　远光灯、近光灯标志

图 5-13　车灯开关的种类

3.车灯开关的种类

车灯开关的种类如图 5-13 所示。

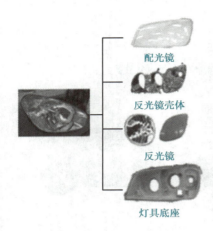

图 5-14　前照灯的结构

4.前照灯的结构

前照灯的结构如图 5-14 所示。

二、带继电器控制的前照灯电路图

1.继电器控制电路

如图 5-15 所示,点火开关 SW 闭合,打开车灯开关,变光开关接通远光继电器电路,远光继电器触点闭合,远光灯电路接通,远光灯亮。

2.远光灯电路

远光灯电路如图 5-16 所示。

3.近光灯电路

近光灯电路如图 5-17 所示。

变光开关将远光切换到近光,近光继电器电路接通,近光继电器触点闭合,近光灯电路接通,近光灯亮。

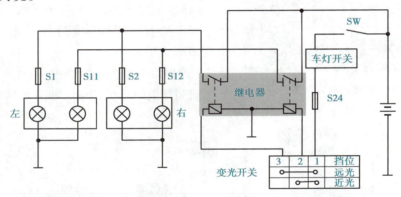

图 5-15　前照灯电路图

图 5-16　远光灯电路

图 5-17　近光灯电路

三、故障原因

由图 5-15 电路分析可知,造成左侧前远光灯不亮的可能原因为:

(1)左侧前远光灯损坏、左侧远光灯灯座损坏。

(2)左侧远光灯保险丝熔断。

(3)左侧远光灯电路断路。

(4)左侧远光灯搭铁不良。

远光灯常见故障分析与诊断见表 5-7。

表 5-7 远光灯常见故障分析与诊断

故障现象	原因分析	诊断思路
所有远光灯均不亮	总路保险丝烧坏; 车灯开关损坏; 变光开关损坏; 远光继电器损坏; 连接线路断路	检查总路保险丝; 检查车灯开关; 检查变光开关; 检查远光继电器; 检查电路
某个远光灯不亮	灯具损坏; 分支路保险丝熔断; 分支路线路断路; 搭铁不良	检查远光灯灯泡及灯座; 检查分支路保险丝; 检查分支路电路; 检查单个搭铁点

四、故障诊断流程

要迅速找到故障部位,合理的故障诊断流程可达到事半功倍的效果。远光灯故障诊断流程见表 5-8。

表 5-8 远光灯故障诊断流程

项 目	操作步骤
(1)问诊	通过对车主的询问了解故障症状,为后面的诊断工作提供翔实的第一手资料
(2)功能检查	①通过功能检查确定故障是否属实,是否还有哪些部件不能正常工作; ②将点火开关打至"ON",车灯开关接通大灯,检查远光灯、近光灯是否亮
(3)目测检查	检查是否有明显的部件损坏、线路松动或脱落

续表

项　目	操作步骤
(4)电路分析	①查阅维修手册,将远光灯电路图进行拆画; ②根据拆画的电路图进行故障分析; ③找出可疑的故障点; ④提出假设,确定检查项目
(5)修复验证	①对可疑的故障点进行检测并修复; ②对修复后的结果进行验证
(6)故障排除	如果证明假设的故障点不成立,重新提出新的假设,然后再去验证,直至将真正的故障点排除为止

【任务实施】

对左侧远光灯电路进行检查。

(1)制订合理的检查计划,并完成表 5-9 的填写。

表 5-9　检查计划表

安全项目		措　　施
工作安全	着装	
	场地	
	工具与设备	
	防火	
	电气设备	
	其他	
所需工量具		
"5S"		

(2)根据诊断流程,结合检修工作计划,对前照灯远光系统进行检修。

①问诊,打开点火开关和车灯开关。操作变光开关在远光、近光间进行切换,观察远光灯是否亮,并记录。

所有远光灯都不亮□　　　　左侧远光灯不亮□　　　　右侧远光灯不亮□

所有近光灯都不亮□　　　左侧近光灯不亮□　　　右侧近光灯不亮□

②根据功能检查情况,确定检测项目,并完成表5-10的填写。

表5-10　检修项目表

检测项目	检测内容(在需要的检测项后打"√")
电路的检测	电源至总保险丝电路□　保险丝至车灯开关□　车灯开关至变光开关□　变光开关至继电器□　变光开关至支路灯保险丝电路□　搭铁□　连接电路□
元件的检测	灯泡□　主保险丝□　车灯开关□　变光开关□　S1保险丝□

③按要求对确定的检测项目进行拆卸和检测。

> ★小提示
>
> 如需对前照灯总成进行更换,参照车辆维修手册进行操作。

【任务评价】

(1)完成表5-11的评价项目,并填写。

表5-11　学习评价表

评价内容	记录要点
本次学习任务中,你主要完成了哪些内容	维修手册的正确使用□　电路图的拆画□　电源的检测□　保险丝的检测□　开关的检测□　灯泡的检测□　电路的检测□
本次学习任务中,主要还存在什么问题	
如何判断车灯开关、变光开关是否损坏	
在学习过程中,你采取了哪些安全措施,请举例	

(2)若所用的远光灯、近光灯都不亮,分析其故障原因。

【任务拓展】

1.前照灯光束调整

前照灯经过多年的发展,技术上已经成熟。但在日常使用中,还会因各种原因使前照灯光束的倾角发生变化,改变了前照灯正确的工作状态。根据《机动车运行安全技术条件》中对前照灯检验项目的要求,前照灯的发光强度为:两灯制,每只灯的发光强度应为12 000 cd,照度为1.2 lx;四灯制,每只灯的发光强度应为10 000 cd,照度为1.0 lx。用投影或前照灯检验仪对灯光进行检测时,检测距离应为 3 m,此时,灯光检验仪受光器上得到的照度应分别为 1 333 lx、1 111 lx。如果灯光光束达不到上述要求,应进行调整。常见的调整方法有以下两种:

(1)使用前照灯测试仪调整前照灯。将轮胎气压正常的空车停放在平坦的场地上,在驾驶室内乘坐一名驾驶员或将 60 kg 的重物放在驾驶员位置上,使车前部对准前照灯测试仪,按测试结果进行调整。

(2)将轮胎气压正常的空车停放在平坦的场地上,在驾驶室内乘坐一名驾驶员或将 60 kg 的重物放在驾驶员位置上,使车前部与幕墙保持一定的距离(正面相对,间距 10 m),如图 5-18 所示。

接通灯光开关,调整其光束。调灯时,以一只灯为单位调整,首先遮蔽其他前照灯;然后拧动上下、左右光束调整螺钉,使主光束(光度最高点)处于规定高度;进行前照灯上下、左右调整时,必须拧入调整。若需拧松调节时,应完全拧松后再拧入调整。

2.前照灯光束高度调节

目前,有很多车设有前照灯光束高度调节旋钮,如图 5-19 所示。其旋钮设定位置见表 5-12。

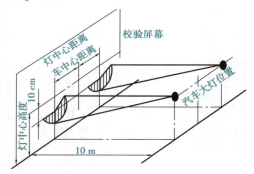

图 5-18　前照灯光束检查

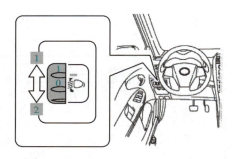

图 5-19　前照灯光束高度调节开关

表 5-12　光束高度调节旋钮参考表

| 乘员和行李载重状况 | | 旋钮位置 |
乘员	行李载重	
驾驶员	无	0
驾驶员和前乘客	无	0
满员	无	2
满员	满载行李	3
驾驶员	满载行李	4

学习任务三 转向灯不亮的检修

转向信号系统是车辆转向时向他人或其他车辆发出的示意信号。危险信号是车辆出现故障而向他人或其他车辆发出的警告信号。汽车行驶需要变道或转向时,为了给行人进行提示,采用转向信号,以保证行车安全。某车主反映,车辆在使用转向灯时,左侧转向灯不亮。作为维修人员,请按专业要求对左侧转向灯故障进行检修。

【知识准备】

一、转向灯系统的组成及安装位置

1.转向灯的作用及安装位置

转向灯的作用是车辆转弯时,保证行车安全。转向灯包括左转向灯和右转向灯。其安装位置如图 5-20 所示。

转向灯

图 5-20 转向灯的安装位置

2.转向灯电路系统的组成

转向灯电路系统的组成如图 5-21 所示。

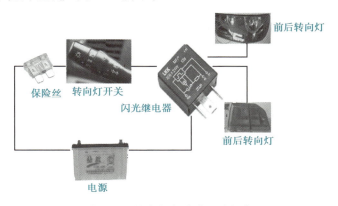

前后转向灯

保险丝 转向灯开关

闪光继电器

前后转向灯

电源

图 5-21 转向灯电路系统的组成

转向灯分左转向灯和右转向灯。操作转向灯开关可实现左转向灯、右转向灯间的转换，如图 5-22 所示。

当开关左转时，接通左转向灯；当开关右转时，接通右转向灯。

3.闪光继电器

汽车转向灯的闪烁是通过闪光继电器来实现的。常见闪光继电器分为电阻式、电容式和电子式。一般来说，闪光继电器的闪光频率为 60～90 次/min。如图 5-23 所示为常见的闪光继电器。

图 5-22　转向灯开关及转向图标　　　　图 5-23　闪光继电器连接端子图

二、转向灯基本控制电路

转向灯基本控制电路如图 5-24 所示。

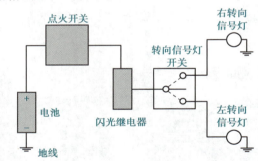

图 5- 24　转向灯基本控制电路

三、故障原因

由图 5-24 电路分析可知，造成左侧前转向灯不亮的可能原因为：

（1）左侧前转向灯损坏、左侧前转向灯灯座损坏。

（2）左侧前转向灯电路断路。

（3）左侧转向灯搭铁不良。

（4）转向灯开关损坏。

转向灯常见故障分析与诊断见表 5-13。

表 5-13　转向灯常见故障分析与诊断

故障现象	原因分析	诊断思路
所有转向灯均不亮	总路保险丝烧坏； 点火开关损坏； 转向灯开关损坏； 闪光继电器损坏； 连接线路断路	检查总路保险丝； 检查点火开关； 检查转向灯开关； 检查继电器； 检查电路
某个转向灯不亮	灯具损坏； 分支路保险丝熔断； 分支路线路断路； 搭铁不良	检查转向灯灯泡及灯座； 检查分支路保险丝； 检查分支路电路； 检查单个搭铁点
两侧闪光频率不同	两侧灯泡功率不同； 有灯泡损坏	检查两侧灯泡功率； 检查灯泡工作情况
转向灯常亮不闪	闪光继电器损坏； 接错线路	检查闪光继电器； 检查线路
闪烁频率过高或过低	灯泡功率不当； 闪光继电器工作不良； 电源电压过高或过低	检查灯泡功率； 检查闪光继电器； 检查电源电压

四、故障诊断流程

要迅速找到故障部位,合理的故障诊断流程可达到事半功倍的效果。转向灯故障诊断流程见表 5-14。

表 5-14　转向灯故障诊断流程

项　目	操作步骤
(1)问诊	通过对车主的询问了解故障症状,为后面的诊断工作提供翔实的第一手资料
(2)功能检查	①通过功能检查确定故障是否属实,是否还有哪些部件不能正常工作; ②将点火开关打至"ON",操作转向灯开关,检查左右转向灯是否亮
(3)目测检查	检查是否有明显的部件损坏、线路松动或脱落

续表

项　目	操作步骤
(4)电路分析	①查阅维修手册,将转向灯电路图进行拆画; ②根据拆画的电路图进行故障分析; ③找出可疑的故障点; ④提出假设,确定检查项目
(5)修复验证	①对可疑的故障点进行检测并修复; ②对修复后的结果进行验证
(6)故障排除	如果证明假设的故障点不成立,重新提出新的假设,然后再去验证,直至将真正的故障点排除为止

【任务实施】

对左侧转向灯电路进行检查。

(1)制订合理的检查计划,并完成表 5-15 的填写。

表 5-15　检查计划表

安全项目		措　施
工作安全	着装	
	场地	
	工具与设备	
	防火	
	电气设备	
	其他	
所需工量具		
"5S"		

(2)根据诊断流程,结合检修工作计划,对前左转向灯系统进行检修。

①问诊,打开点火开关。操作转向灯开关对左转向、右转向灯进行切换。观察左转向灯、右转向灯是否亮,并记录。

所有转向灯都不亮□　　　左前转向灯不亮□　　　右前转向灯不亮□

左侧后转向灯不亮□　　　　右侧后转向灯不亮□

②查阅维修手册,并拆画转向灯电路图。

③根据功能检查情况,确定检测项目,并完成表5-16的填写。

表5-16　检修项目表

检测项目	检测内容(在需要的检测项后打"√")
电路的检测	电源至保险丝电路□　保险丝至开关□　开关至灯电路□　搭铁□　连接电路□
元件的检测	灯泡□　主保险丝□　点火开关□　转向灯开关□　保险丝□

④按要求对确定的检测项目进行拆卸和检测。

【任务评价】

(1)完成表5-17的评价项目,并填写。

表5-17　学习评价表

评价内容	记录要点
本次学习任务中,你主要完成了哪些内容	维修手册的正确使用□　电路图的拆画□　电源的检测□　保险丝的检测□　开关的检测□　灯泡的检测□　电路的检测□
本次学习任务中,主要还存在什么问题	
如何判断转向灯开关是否损坏	
在学习过程中,你采取了哪些安全措施,请举例。	

(2)若所用的转向灯都不亮,分析其故障原因,并写出故障排除步骤。

【任务拓展】

危险信号灯

1.危险信号灯的作用

危险信号灯通常称为"双闪"。当危险信号灯开关开启时,所有的转向灯闪烁充当危险信号灯。危险信号灯开关为一个红三角形标志按钮,如图5-25所示。危险信号灯是一种提醒其他车辆与行人注意本车发生了特殊情况的信号灯。在驾车过程遇到浓雾时,能见度低于100 m时,因视线不好,不但应开启前后防雾灯,此时还应开启危险信号灯,以提醒过往车辆及行人的注意,特别是后方行驶的车辆,必须保持

图5-25　危险信号灯开关

应有的安全距离和必要的安全车速，以避免紧急刹车引起追尾。

2.危险信号灯电路

危险信号灯电路如图 5-26 所示。

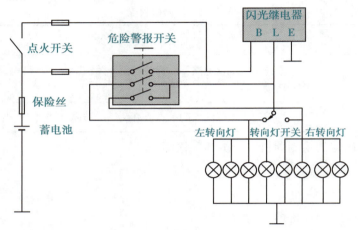

图 5-26　危险信号灯电路

当接通危险信号灯开关时，左右两边的转向灯同时被接通并通电闪亮。

项目六 | 汽车刮水器的检修

　　汽车刮水器是用来刮除附着于车辆挡风玻璃上的雨点及灰尘的设备,以改善驾驶员的能见度,增加行车安全。汽车刮水器的故障会给行车带来很大的安全隐患。作为汽车维修人员,有必要学会对汽车刮水器的检修。

任务分解图:

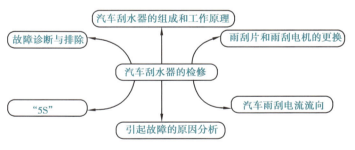

汽车刮水器的组成和工作原理

故障诊断与排除　　　　　雨刮片和雨刮电机的更换

汽车刮水器的检修

"5S"　　　　　　汽车雨刮电流流向

引起故障的原因分析

学习目标:

- 能叙述汽车雨刮系统的组成、作用及工作原理;
- 通过查阅维修手册,能独立完成系统的元件更换;
- 能识读常见车型汽车雨刮系统的控制电路图;
- 能根据维修手册对引起汽车雨刮系统故障的原因进行分析;
- 能与同学合作制订合理的诊断与维修计划;
- 能按专业要求对常见汽车雨刮系统的故障进行检修。

/学习任务一/ 刮水片和雨刮电动机的更换

使用后

刮水器的作用是清除风窗玻璃上的雨水、雪或尘土，以确保驾驶员有良好的视野。某客户反映，刮水器因使用时间长，刮水无力且刮水不干净。请按专业标准对刮水器刮片和电动机进行更换。

【知识准备】

一、汽车刮水器的组成以及各部分的功用

1.汽车刮水器的组成及安装位置

在行驶中，由于泥土的飞溅或其他原因污染风窗玻璃，因此，刮水器都设有洗涤装置。有些乘用车还装备有前照灯冲洗系统。刮水器和洗涤器系统在车上的布置如图 6-1 所示。

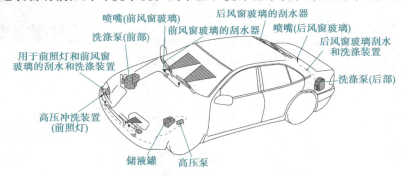

图 6-1 刮水器和洗涤器系统在车上的布置

2.刮水器摇臂/刮水片

刮水器摇臂/刮水片是刮水器系统的主要组件，如图 6-2 所示。刮水器连接杆把刮水器电动机和刮水器摇臂连接起来，当刮水器工作时，刮水器电动机旋转运动转变为刮水器连接杆的左右摆动，驱动安装在刮水器连接杆两端的刮水器摇臂摆动，从而完成对风窗玻璃的刮水动作。

3.刮水器电动机

刮水器电动机是刮水器系统的动力源。为了满足不同天气的要求，刮水器需要有不同的运转速度，并保证汽车在停止使用雨刮时，雨刮总要落在挡风玻璃的下方。刮水器电动机内部结构如图 6-3 所示。

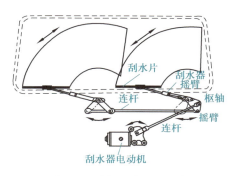

图 6-2　刮水器系统的组成

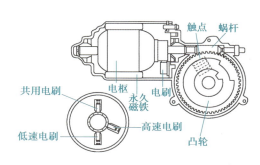

图 6-3　刮水器电动机的内部结构

4.洗涤器

汽车行驶时,风窗玻璃上常附着灰尘、砂粒等,若不冲洗就直接使用刮水器,会使刮水片损伤,并易使风窗玻璃刮伤;同时,风窗玻璃太干燥时,也使刮水片受到过大的阻力,易使刮水器电动机烧坏。因此,在使用刮水器前,应先使洗涤器向风窗玻璃喷水,洗净玻璃上的灰尘、砂粒等,以减小刮水片的阻力。

目前,汽车使用的洗涤器均为电动式。其结构包括储液罐、喷水管和喷嘴等,电动机(永久磁铁式)及水泵(离心式)装在储水箱上,如图6-4所示。

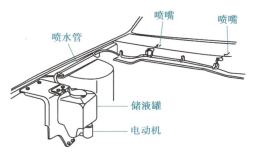

图 6-4　风窗玻璃洗涤器系统

5.雨刮开关

雨刮开关主要有旋钮式雨刮开关和拨动式雨刮开关两种,如图6-5、图6-6所示。

图 6-5　旋钮式雨刮开关

图 6-6　拨动式雨刮开关

二、汽车刮水器的工作原理

1.雨刮电动机的调速原理

雨刮电动机有低速和高速两种刮水速度。雨刮电动机是利用3个电刷来改变正负电刷之间串联线圈的个数来实现变速的。高速状态如图6-7所示,低速状态如图6-8所示。电刷结构如图6-9所示。

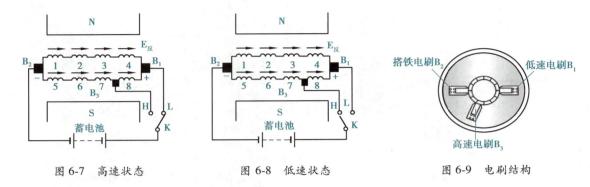

图 6-7　高速状态　　　　　图 6-8　低速状态　　　　　图 6-9　电刷结构

如图 6-10 所示的位置,刮水器电动机电枢是不运转的。

把组合开关的刮水手柄打到"Ⅰ"挡,电流流向为蓄电池正极→熔断器→共用电刷 B_1 →电枢绕组→低速电刷 B_2 →开关触点→搭铁。

把组合开关的刮水手柄打到"Ⅱ"挡,电流流向为蓄电池正极→熔断器→共用电刷 B_1 →电枢绕组→高速电刷 B_3 →开关触点→搭铁。

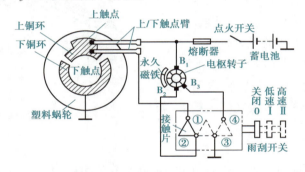

图 6-10　刮水器电路

2.自动回位原理

驾驶员关闭刮水器时,雨刮臂如果不停在适当的位置,会阻碍司机的视线。为解决这一问题,刮水器设有一个回位开关,控制刮水器电动机。当电动机停止运转时,雨刮臂就会停在风窗玻璃下的适当位置。若雨刮臂没有停到风窗玻璃下的适当位置时,位置如图 6-11 所示。此时,电路中形成了一个完整的电流回路系统,雨刮臂将继续运动,一直运动到风窗玻

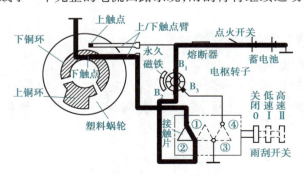

图 6-11　雨刮没有回位时的状态

璃下的适当位置时,此时雨刮位置如图 6-12 所示,电路中的电流没有形成完整的回路系统,雨刮电动机停止运动。

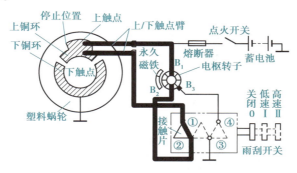

图 6-12　雨刮回位时的状态

【任务实施】

对汽车雨刮片和刮水器电动机进行更换。

(1)制订合理的检修计划,并完成表 6-1 的填写。

表 6-1　检修计划表

安全项目		措　　施
工作安全	着装	
	场地	
	工具与设备	
	防火	
	电气设备	
	其他	
所需工量具		
"5S"		

(2)按表 6-2 和表 6-3 的步骤,结合所学知识对汽车雨刮片和刮水器电动机进行更换,并在完成的项目后打"√"。

表 6-2　雨刮片的更换

工作步骤	工作完成情况
①拆刮水器时,首先要把雨刮片立起来	工作是否完成: □是　　□否

续表

工作步骤	工作完成情况
②按住下面那个卡子,然后移出原车雨刮片 	工作是否完成: □是　　□否
③从一边取下原车的雨刷片(注意,别让摇臂弹回来把前风挡砸坏) 	工作是否完成: □是　　□否
④准备好新的雨刮片,把中间的卡子前端翘起来一些,方便安装 	工作是否完成: □是　　□否
⑤将新雨刮片插入中间的卡子后拉紧,听到"咔嗒"一声即入位 	工作是否完成: □是　　□否
⑥安装副驾驶席雨刷,看好方向,同样拉紧,听到"咔嗒"一声即安装到位(有些车型驾驶席和副驾驶席的雨刷尺寸不同,一般都是驾驶席的长,副驾驶席的短,注意别装反了) 	工作是否完成: □是　　□否

表 6-3　刮水器电动机的更换

工作步骤	工作完成情况
①打开机舱盖之后,将螺母盖挑开,螺母盖后端有一个口子,注意不要碰断 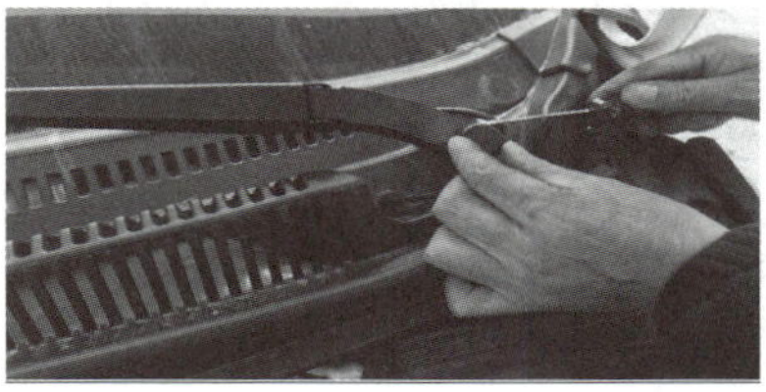 	工作是否完成: □是　　□否
②螺母盖上扣子如图所示,取下螺母盖 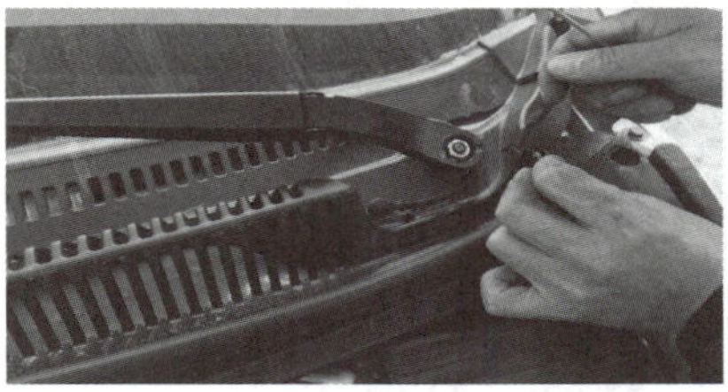 	工作是否完成: □是　　□否
③拔出如图所示的塑料管子,该塑料管子用于刮水器清洗传导,需谨慎拆卸  	工作是否完成: □是　　□否
④使用棘轮扳手拆卸雨刮片的螺钉。拔出刮水器时,一定要左手按住刮水器往下压,右手再将整个雨刮往上提取  	工作是否完成: □是　　□否
⑤在往上提取过程中,一定要注意刮水器清洗液的管子,不要把刮水器清洗液管子弄断 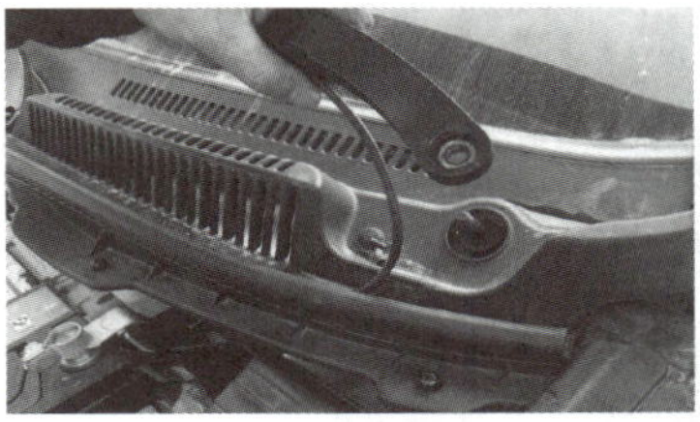 	工作是否完成: □是　　□否

续表

工作步骤	工作完成情况
⑥使用以上同样的步骤拆卸副驾驶刮水器 	工作是否完成： □是　　□否
⑦拆卸完主驾驶和副驾驶刮水器后，需要将机舱盖后端部分的螺钉拆除 	工作是否完成： □是　　□否
⑧将螺钉拆除完毕后，手动拆卸时，一定要注意两端防水、防振材料，以防止受损 	工作是否完成： □是　　□否
⑨拿下后盖罩时，一定要注意输液管，千万不要扯断了。此时，刮水器电动机已裸露出来 	工作是否完成： □是　　□否
⑩拆电动机总成时，先将线束扣取，再拆卸4颗螺钉，然后取下刮水器电动机 	工作是否完成： □是　　□否

续表

工作步骤	工作完成情况
⑪将更换的新刮水器电动机按与拆卸相反的顺序进行安装 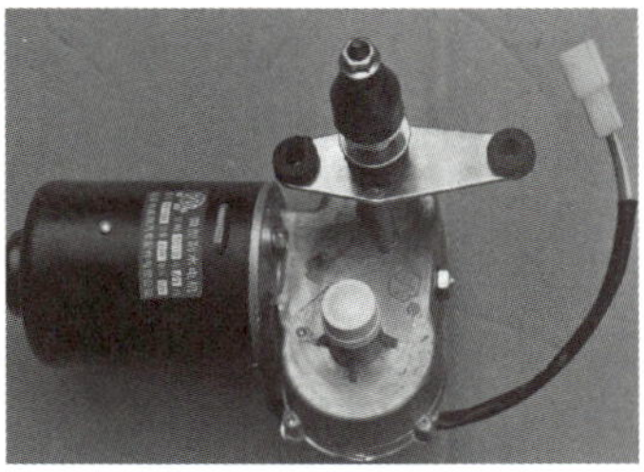	工作是否完成： □是　　□否

★小提示

　　不同车型雨刮片和刮水器电动机的拆装有一定的差别,在车辆的维修手册上一般都有详细的拆装步骤,可通过查阅维修手册进行拆装和更换。

【任务评价】

(1)完成表6-4的评价项目,并填写。

表6-4　学习评价表

评价内容	记录要点
本次学习任务中,你主要完成了哪些内容	维修手册的正确使用□　汽车刮水器的工作原理□　汽车雨刮片的更换□　汽车刮水器电动机的更换□
本次学习任务中,主要还存在什么问题	
叙述汽车刮水器的工作原理	
在学习过程中,你采取了哪些安全措施,请举例	

(2)思考并回答以下问题：

①要开刮水器,点火开关应处于什么位置？

②操纵刮水器的间隙挡,观察雨刮片的刮水速度是否有变化,为什么能实现变速调节？

学习任务二 ／ 汽车雨刮系统故障的检修

某客户反映,车辆在使用中,发现汽车刮水器无高速工作挡。请查阅资料和维修手册,按专业要求将该故障排除。

【知识准备】

汽车刮水器在使用中常见的故障表现为:刮水器电动机不转;刮水器无慢速工作挡;刮水器无高速工作挡;刮水器无间歇挡;刮水器不能自动复位等现象。如图 6-13 所示为某车型汽车刮水器的控制电路。

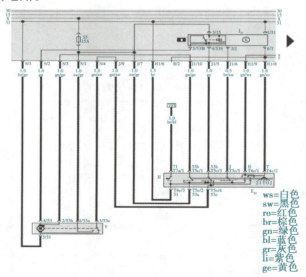

图 6-13　某车型汽车刮水器的控制电路

一、故障原因

从图 6-13 电路分析可知,造成汽车刮水器没高速工作挡的原因可能为:
(1)刮水器开关损坏。
(2)刮水器电动机高速工作挡故障。
(3)高速工作挡线路故障。
刮水器常见故障分析与诊断见表 6-5。

表 6-5 刮水器常见故障分析与诊断

故障现象	原因分析	诊断思路
刮水器电动机不转	刮水器电动机电源线路断路； 刮水器电动机失效； 刮水器开关损坏	检查刮水器电动机电源线路是否断路，其中主要检查熔丝是否正常； 检查电动机绕组是否内部断路； 检查刮水器开关是否工作正常
刮水器无慢速/高速工作挡	刮水器开关损坏； 刮水器电动机高速挡故障； 刮水器慢速/高速工作挡工作线路故障	检查刮水器开关工作是否正常； 检查刮水器电动机插头中慢速/高速端子线是否有电； 检查刮水器线路是否有短路现象
刮水器无间歇挡	刮水器开关损坏； 刮水器电动机损坏； 刮水器间歇挡线路故障	检查刮水器开关； 检查刮水器电动机； 检查刮水器间歇挡线是否有断路，或接触不良处
刮水器不能自动复位	自动停位装置损坏； 刮水器开关损坏； 刮水臂调整不当； 线路连接错误	检查自动停位机构的触片和滑片接触是否良好； 检查开关线路连接是否正确； 检查刮水臂的安装是否正确； 检查控制线路连接是否正确

★ 小提示

图 6-13 中,15——点火钥匙控制的小容量火线,X——钥匙控制的大容量火线。

二、故障诊断流程

要迅速找到故障部位,合理的故障诊断流程可达到事半功倍的效果。汽车刮水器系统故障诊断流程见表 6-6。

表 6-6 故障诊断流程

项　目	操作步骤
(1)问诊	通过对车主的询问了解故障症状,为后面的诊断工作提供翔实的第一手资料
(2)功能检查	①通过功能检查确定故障是否属实,是否还有其他部件不能正常工作； ②接通点火开关,操作刮水器开关,检查刮水器系统工作情况

续表

项　目	操作步骤
（3）目测检查 	检查是否有明显损坏的部件
（4）电路分析 	①查阅维修手册，将刮水器系统控制电路图进行拆画； ②根据拆画的电路图进行故障分析； ③找出可疑的故障点； ④提出假设，确定检查项目
（5）修复验证 	①对可疑的故障点进行检测并修复； ②对修复后的结果进行验证
（6）故障排除 	如果证明假设的故障点不成立，重新提出新的假设，然后再去验证，直至将真正的故障点排除为止

【任务实施】

汽车刮水器无高速工作挡故障的检修。

（1）制订合理的检修计划，并完成表6-7的填写。

表6-7　检修计划表

安全项目		措　施
工作安全 	着装	
	场地	
	工具与设备	
	防火	
	电气设备	
	其他	
所需工量具		
"5S"		

（2）根据诊断流程,结合检修工作计划,对汽车雨刮系统进行检修。

①问诊并操作刮水器开关。

通过问诊和操作,完成对故障车辆刮水器功能的检查,以确认故障的真实性。如图 6-14 所示为刮水器控制开关。

图 6-14　刮水器控制开关

②根据功能检查情况,确定检测项目,并完成表 6-8 的填写。

表 6-8　检修项目表

检测项目	检测内容（在需要的检测项后打"√"）
电路的检测	电源□　保险丝□　主继电器□　雨刮继电器□　搭铁□　点火开关□　连接电路□
元件的检测	雨刮开关□　雨刮电动机□

③按要求对确定的检测项目进行拆卸和检测。

【任务评价】

（1）完成表 6-9 的评价项目,并填写。

表 6-9　学习评价表

评价内容	记录要点
本次学习任务中,你主要完成了哪些内容	维修手册的正确使用□　电路图的拆画□　电源的检测□　保险丝的检测□　开关的检测□　电动机的检测□　电路的检测□　刮水器电动机的更换□
本次学习任务中,主要还存在什么问题	
如何判断电动机是否损坏	
在学习过程中,你采取了哪些安全措施,请举例	

（2）若故障现象为关掉刮水器时雨刮片不能停到挡风玻璃下面,请分析引起该故障的原因,并叙述如何排除故障。

【任务拓展】

雨滴感知刮水器

雨滴感知刮水器利用由压敏元件做成的雨滴传感器对雨量进行检测,从而获取最佳的间歇时间。

雨量感知刮水器工作时,由于雨滴下落撞击到传感器的振动片上,振动片将振动能量传给压电元件(见图6-15)。压电元件受压而产生电压信号,该电压值与撞击振动片上雨滴的撞击能量成正比。电压信号经过放大后送入间歇刮水放大电路,对放大器的充电电路(电容)进行定时充电(20 s),电容电压上升。该电压输入比较电路,比较电路将其与基准电压比较。当电容电压达到基准电压时,比较电路向刮水器电动机发出信号,使其工作1次。

当雨量大时,压电元件产生的电信号强,充电电路电压达到基准电压值所需时间短,刮水器的工作间歇时间短;反之,当雨量小时,压电元件产生的电压小,充电电路电压达到基准电压所需时间长,刮水器的工作间歇时间长;当雨量很小,雨滴传感器没有电压信号输出时,只有定流电路对充电电路进行充电,20 s后充电电路的输出电压达到基准电压,刮水器动作1次。这样,雨量感知刮水器就把刮水器的间歇时间控制在0~20 s,以适应不同雨量的刮除需要。

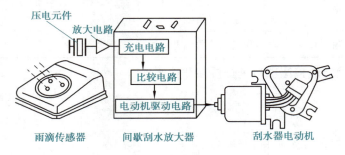

图 6-15　雨滴感知刮水器原理图

项目七 | 汽车电动车窗的检修

汽车电动车窗是指在驾驶室用开关就能自动升降车窗玻璃,使驾车者和乘客在行车过程中,能安全、方便地开关车窗,提升汽车使用的舒适性和安全性。汽车电动车窗在使用过程中会发生故障。作为汽车维修人员,有必要学会对电动车窗的检修。

任务分解图:

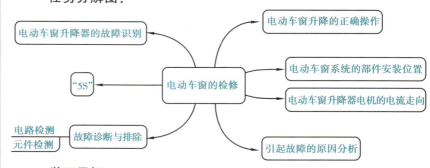

学习目标:

- 能叙述电动车窗的组成、作用及工作原理;
- 通过查阅维修手册,能独立完成系统的元件更换;
- 能识读常见车型电动车窗的控制电路图;
- 能根据维修手册对引起电动车窗故障的原因进行分析;
- 能与同学合作制订合理的诊断与维修计划;
- 能按专业要求对常见电动车窗的故障进行检修。

学习任务一 电动车窗升降器功能的检查

驾驶员和乘客可方便地通过座位上的开关,控制车窗玻璃的自动升降,提高操作的便利性。某车主反映,车辆在使用过程中,左后侧电动车窗升降困难。作为维修人员,请按专业要求对左后侧电动车窗升降器进行检查。

【知识准备】

一、电动车窗的组成及各部分的功用

如图 7-1 所示,电动车窗主要由升降电动机、传动装置(升降器)、控制开关及车窗玻璃等组成。

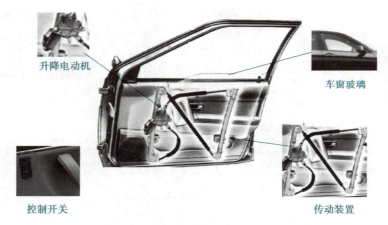

升降电动机

车窗玻璃

控制开关

传动装置

图 7-1 电动车窗的组成及安装

1.升降电动机

升降电动机(见图 7-2)是车窗玻璃升降的动力源。电动机可以正转和反转。通过改变电枢电流的方向来改变电动机的旋转方向,使车窗玻璃上升或下降。电枢电流的方向由开关控制。

2.传动装置

传动装置实现方向转换,将电动机的旋转运动转换为车窗玻璃的上下运动,同时还承担固定并托起车窗玻璃的作用。齿扇交叉臂式升降器的结构组成如图 7-3 所示。

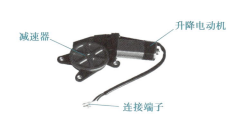

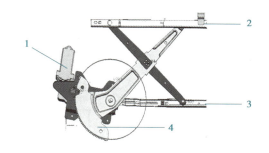

图 7-2　玻璃升降电动机总成

图 7-3　齿扇交叉臂式升降器

1—电动机;2—玻璃托架;3—导轨;4—传动齿轮

3.控制开关

控制开关(见图 7-4)控制电流的方向。主控开关可使 4 个车窗中的任意一个上升或下降;分控开关只能使所在的车窗上升或下降。有些车还设置了一个锁止开关,当开启锁止开关时,各分控开关的电路被切断。此时,只能用主控开关升降各车窗。

(a)驾驶员侧开关
（主控开关）

(b)乘客侧开关
（分控开关）

(c)驾驶员侧
锁止开关

图 7-4　电动车窗的控制开关

二、电动车窗的工作原理

如图 7-5 所示,每个电动车窗都有一个电动机,开关接通,电动机通电转动,带动车窗升降器上下运动,从而实现车窗的升降。

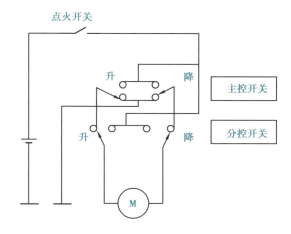

图 7-5　电动机的控制原理

不同汽车所采用的电动车窗的控制电路不同。电动车窗的控制电路按电动机是否直接搭铁,可分为电动机不搭铁和电动机搭铁两种。如图 7-6 所示为电动机不搭铁,如图 7-7 所示为电动机搭铁。

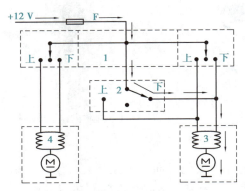

图 7-6　电动车窗控制电路图(1)

1—右前窗开关;2—右前窗电动机;3—右后窗开关;4—右后窗电动机

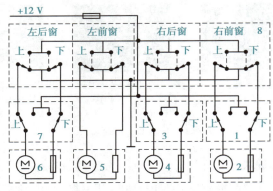

图 7-7　电动车窗控制电路图(2)

1—右前窗开关;2—右前窗电动机;3—右后窗开关;4—右后窗电动机;

5—左前窗电动机;6—左后窗电动机;7—左后窗开关;8—左前主控开关

由图 7-7 控制电路可知,当驾驶员主控开关操作车窗上升(以右后车窗为例)时,其工作电流走向为:电源(+)→保险丝→主控开关电源总线→主控开关右后车窗(上触点)接通电流→分控开关(上)常闭触点→4 号电动机(右后车窗电动机)(电流方向为从左往右)→分控开关(下)常闭触点→主控开关右后车窗(下)常闭触点→主控开关搭铁线搭铁。电动机通电转动,车窗玻璃上升。

当开关操作下降时,电动机电流方向则为从右往左,电动机改变旋转方向,车窗玻璃下降。

★小提示

操作车窗开关时,为了防止长时间操作造成电动机通电时间过长,电流过载烧坏电动机,一般电动机都装有过载熔断器。

【任务实施】

对车窗升降器功能进行检查。

（1）制订合理的检查计划，并完成表7-1的填写。

表7-1　检查计划表

安全项目		措　施
工作安全	着装	
	场地	
	工具与设备	
	防火	
	电气设备	
	其他	
所需工量具		
"5S"		

（2）按表7-2的步骤，结合所学知识对升降器功能进行检查，记录检查结果，并完成表7-2的填写。

表7-2　电动车窗功能检查表

项　目	操作步骤	结果记录
电动车窗开关的认识与查找	在车上或实训台架上找到电动车窗的主控开关、锁止开关、分控开关	主控开关的位置： 左前门□　　右前门□ 左后门□　　右后门□ 锁止开关的位置： 左前门□　　右前门□ 左后门□　　右后门□ 分控开关的位置： 左前门□　　右前门□ 左后门□　　右后门□
电动车窗基本功能的检查	将点火开关钮至"ON"位置;操纵电动车窗的主控开关到"UP"位置或到"DOWN"位置	检查车窗玻璃是否上升或下降（正常打"√"，异常打"×"） 左前　升　／降 右前　升　／降 左后　升　／降 右后　升　／降 比较完全按下和拉起与轻轻按下和拉起有何区别：

续表

项　目	操作步骤	结果记录
电动车窗基本功能的检查	操纵各车门电动车窗开关到"UP"位置或到"DOWN"位置	检查车窗玻璃是否上升或下降（正常打"√"，异常打"×"） 左前　升／降 右前　升／降 左后　升／降 右后　升／降
	操纵电动车窗锁止开关	此开关锁止时，主控开关是否起作用： 是□　否□ 分控开关是否起作用： 是□　否□
观察电动车窗的自动操纵功能	起动"AUTO DOWN"功能，按下主开关到"DOWN"位置	车窗是否完全打开： 是□　否□
	起动"AUTO UP"功能，按下主开关到"UP"位置	车窗是否完全关闭： 是□　否□
	检查"AUTO UP"期间，按下主开关到"DOWN"位置	车窗玻璃的工作是否停止： 是□　否□
	检查"AUTO DOWN"期间，按下主开关到"UP"位置	车窗玻璃的工作是否停止： 是□　否□
	操纵开关控制电动车窗升降到极限位置	倾听电动机是否继续工作： 有□　没有□
检查结果描述		

【任务评价】

（1）请完成表 7-3 的评价项目，并填写。

表 7-3　学习评价表

评价内容	记录要点
本次学习任务中，你主要完成了哪些内容	维修手册的正确使用□　电动车窗主控开关的操作□　分控开关的操作□　自动开关的功能检查□　锁止开关的功能检查□

续表

评价内容	记录要点
本次学习任务中,主要还存在什么问题	
叙述电动车窗的工作原理	
在学习过程中,你采取了哪些安全措施,请举例	

（2）通过操作,思考并回答以下问题：

①要升降电动车窗,点火开关应处于什么位置？

②操纵开关控制电动车窗升降到极限位置时,电动机是否工作？ 为什么？

③若车窗玻璃升降到极限位而开关还未松开,电动机是否会一直转动直至松开开关才停转呢？ 若是这样,电动机会出现什么问题？ 如何解决该问题？

【任务拓展】

1.防夹电动车窗

电动车窗系统的主要控制功能包括:在接通点火开关时,按动前门升降器相应开关,可实现车窗自动全开或者自动全闭功能以及手动上升和下降功能;上升过程还未到顶时,有防夹功能;儿童锁按钮按下时,后门升降器开关被禁止;在断开点火开关时,车窗玻璃升降有延时功能等。

汽车防夹电动车窗（包括防夹电动天窗）的防夹功能的实现需要"触觉""视觉"的配合。所谓"触觉""视觉",是当电动车窗机构感触到有异物在玻璃上,会主动停止玻璃上升工作。防夹电动车窗控制原理如图 7-8 所示。在关闭的过程中,驱动机构中有电子控制单位（ECU）及霍尔传感器时刻检测电动机的转速,当霍尔传感器检测到转速有变化时,就会向 ECU 传送信息,ECU 向继电器发出指令,使电动机停转或反转（下降）。于是,车窗也就停止移动或下降,因此具有一定的防夹功能。

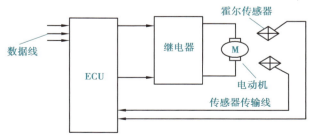

图 7-8　防夹电动车窗控制原理

霍尔传感器是用来判别电机轴的转速变化。在关闭玻璃时,霍尔传感器判断出转速的变化,车门控制单元 ECU 会意识到遇到一个干扰力,则改变电机运动的方向。

防夹功能一个升降行程内只有一次,其后必须要初始化玻璃的上下位置才可再次实现防夹功能。

2.传动装置升降器

传动装置升降器除了齿扇交叉臂式外,还有绳轮式和软轴式。其组成和结构如图 7-9、图 7-10 所示。

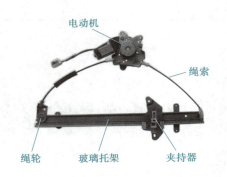

图 7-9　绳轮式

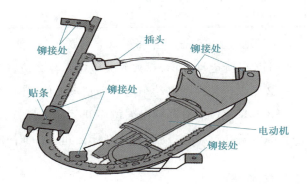

图 7-10　软轴式

学习任务二　电动车窗故障的检修

某客户反映,车辆在使用过程中,发现驾驶员侧车窗玻璃不能升降。请查阅资料和维修手册,按专业要求将该故障排除。

【知识准备】

汽车电动车窗在使用中最常见的故障表现为:所有车窗不工作,单个车窗不工作,某个车窗只能往一个方向运动,以及车窗升降有异响、发卡、阻力大等现象。如图 7-11 所示为某车型电动车窗控制电路。

一、故障原因

由图 7-11 电路分析可知,造成驾驶员侧车窗不能升降的原因可能为:

(1)升降器电动机及其连接线故障。

(2)主控开关故障。

(3)驾驶员侧升降器等故障。

电动车窗常见故障分析与诊断见表 7-4。

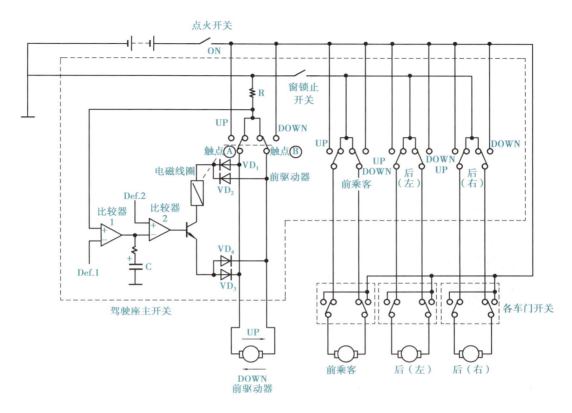

图 7-11　某车型电动车窗控制电路

表 7-4　电动车窗常见故障分析与诊断

故障现象	原因分析	诊断思路
所有车窗均不能升降	电路故障:保险丝烧坏、继电器、主控开关、搭铁不良	检查电路,检查保险丝、继电器,清洁、紧固搭铁
某个车窗不能动	电动机损坏; 分控开关至电动机电路断路; 传动机构卡住	检查电动机; 检查电路; 检查传动机构
某个车窗只能往一个方向动	分控开关故障; 分控开关至主控开关电路断路	检查分控开关; 检查分控开关与主控开关电路
升降有异响、发卡、阻力大	升降器机构松旷、缺油、滑槽内有异物	检查升降器

二、故障诊断流程

要迅速找到故障部位,合理的故障诊断流程可达到事半功倍的效果。电动车窗系统故障诊断流程见表7-5。

表7-5 故障诊断流程

项　目	操作步骤
(1)问诊	通过对车主的询问了解故障症状,为后面的诊断工作提供翔实的第一手资料
(2)功能检查	①通过功能检查确定故障是否属实,是否还有哪些部件不能正常工作; ②接通点火开关,操作车窗控制开关,检查车窗的升降情况
(3)目测检查	检查是否有明显损坏的部件
(4)电路分析	①查阅维修手册,将电动车窗控制电路图进行拆画; ②根据拆画的电路图进行故障分析; ③找出可疑的故障点; ④提出假设,确定检查项目
(5)修复验证	①对可疑的故障点进行检测并修复; ②对修复后的结果进行验证
(6)故障排除	如果证明假设的故障点不成立,重新提出新的假设,然后再去验证,直至将真正的故障点排除为止

三、常用元件的检测

1.电动车窗升降器电动机的检测

将蓄电池电压加到升降器电动机连接端子上并互换一次,电动机应能正转和反转,并且运转平稳;否则,电动机有故障,如图7-12所示。

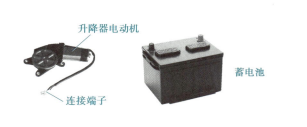

图 7-12　升降器电动机的检测 　　　　　图 7-13　开关的检测

> **★ 小提示**
>
> 　　测试时,若电动机停止运转,应立即断开端子引线,以免烧坏电动机。

2.主控开关的检测

用螺丝刀从车上拆下主控开关总成,断开连接器。操作开关,用万用表检查各端子之间连接的导通性。由于各车型的端子存在一定的差异,因此,判断其导通性时以维修手册为依据(见图7-13)。

四、升降器的检查与更换

电动车窗在进行故障检修时,有必要对升降器进行检查、维护,甚至更换总成。

升降器总成的检查与更换一般包括表7-6的步骤。

表 7-6　升降器总成检查与更换

图示说明	操作步骤
	①接通点火开关至"ON",将玻璃下降到最低端
	②关闭点火开关,拆下蓄电池负极

续表

图示说明	操作步骤
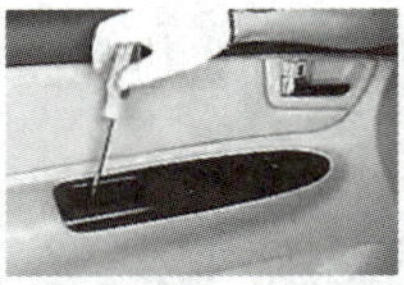	③拆掉门板的内饰,拧下玻璃升降开关紧固螺栓
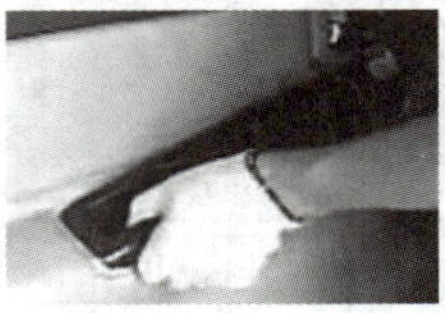	④取出门窗玻璃开关总成
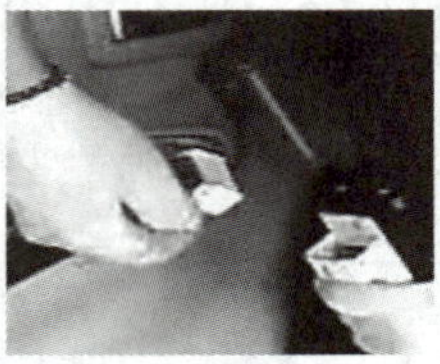	⑤断开线束插头
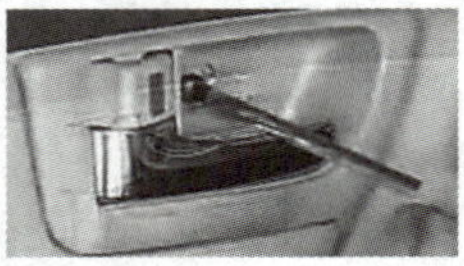	⑥拧下车门内拉手固定螺钉,取下门板总成
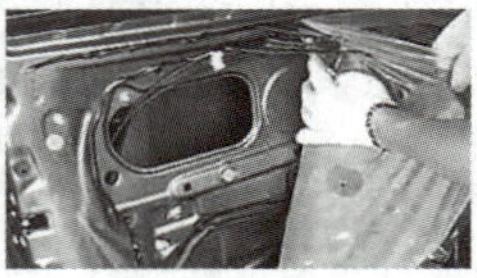	⑦拿下门板内的防水保护垫
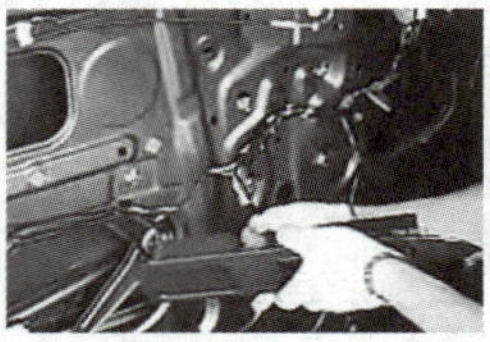	⑧将开关与线束重新连接好,并将门窗玻璃升到相应位置,便于拆卸固定螺钉
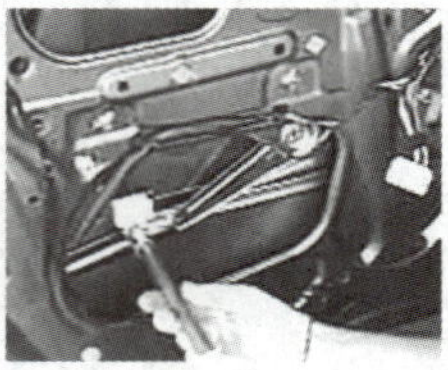	⑨拧下车窗玻璃升降器与车门的固定螺钉,取出玻璃
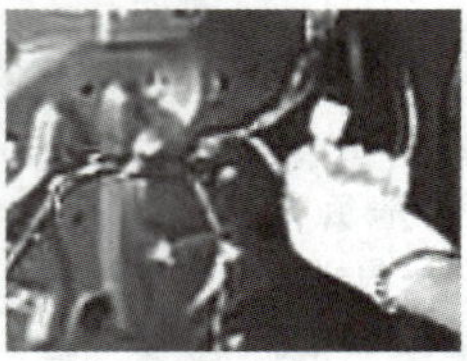	⑩断开玻璃升降器电动机线束插头

续表

图示说明	操作步骤
	⑪取出升降器并检查是否正常； ⑫将更换的新升降器按与拆相反的顺序安装好

★小提示

不同车型玻璃升降器的拆装有一定的差别。在车辆的维修手册上，一般都有详细的拆装步骤，可通过查阅维修手册进行拆装与更换。

对有防夹功能的电动车窗在更换了车门玻璃或玻璃导槽后，需要使电动机返回到初始化状态，查阅资料了解初始化的步骤及注意事项。

【任务实施】

驾驶员侧车窗玻璃不能升降故障的检修。

（1）制订合理的检修计划，并完成表7-7的填写。

表7-7 检修计划表

安全项目		措　施
工作安全	着装	
	场地	
	工具与设备	
	防火	
	电气设备	
	其他	
所需工量具		
"5S"		

（2）根据诊断流程，结合检修工作计划，对电动车窗系统进行检修。

①问诊并操作车窗开关。

通过问诊和操作（见图7-14），完成对故障车辆升降器功能的检查，以确认故障的真实性。

②根据功能检查情况，确定检测项目，并完成表7-8的填写。

图7-14 控制开关

表 7-8　项目检测表

检测项目	检测内容（在需要的检测项后打"√"）
电路的检测	电源□　保险丝□　主继电器□　搭铁□　点火开关□　连接电路□
元件的检测	主控开关□　分控开关□　车窗电动机□　升降器□

③按要求对确定的检测项目进行拆卸和检测。

【任务评价】

（1）请完成表 7-9 的评价项目，并填写。

表 7-9　学习评价表

评价内容	记录要点
本次学习任务中，你主要完成了哪些内容	维修手册的正确使用□　电路图的拆画□　电源的检测□ 保险丝的检测□　开关的检测□　电动机的检测□ 电路的检测□　升降器电动机的更换□
本次学习任务中，主要还存在什么问题	
如何判断电动机是否损坏	
在学习过程中，你采取了哪些安全措施，请举例	

（2）若故障现象为右后乘客侧电动车窗只能升而不能降，请分析引起该故障的原因，并叙述如何排除故障。

项目八 | 汽车喇叭的检修

汽车喇叭是驾驶时使用频繁的装置,其作用是警告行人和车辆,保证行车安全。在使用中,它们时常出现单音、音质差、时好时坏,以及根本不响等故障,为了提高行车的安全性,维修人员应学会对喇叭进行故障诊断与维修。

任务分解图:

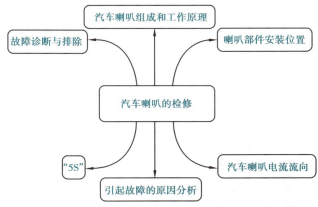

学习目标:

- 能叙述喇叭系统的组成、功能与工作过程;
- 能识读常规车型喇叭电路,查阅相关资料,分析喇叭电路故障的原因;
- 能和同学合作制订喇叭电路的诊断与维修计划;
- 能按专业要求独立或合作完成喇叭电路的检修。

学习任务一 / 汽车喇叭不响的检修

某客户反映,车辆在使用过程中,按喇叭按钮,但喇叭不响。请查阅资料和维修手册,按专业要求将该故障排除。

【知识准备】

一、汽车喇叭系统的组成

喇叭是汽车的音响信号装置。在汽车的行驶过程中,驾驶员根据需要和规定发出必需的音响信号,警告行人和引起其他车辆注意,保证交通安全。

1.汽车喇叭系统的组成

汽车喇叭系统一般由电源、喇叭按钮、喇叭继电器及喇叭等组成,如图8-1所示。

电源-蓄电池　　电源-发电机　　点火开关　　保险丝

喇叭按钮　　　　喇叭继电器　　　　喇叭

图8-1　喇叭系统组成示意图

2.汽车喇叭安装位置

汽车喇叭一般安装在冷凝器和散热器的前面、前保险杠的里面,如图8-2所示。

图8-2　汽车喇叭安装位置

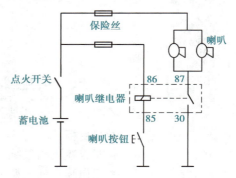

图8-3　汽车电喇叭电路图

二、汽车喇叭的工作原理

如图8-3所示为汽车电喇叭电路图。当点火开关和喇叭按钮闭合时,蓄电池的电流流经点火开关至继电器保险丝然后到达喇叭继电器的 85 端子,经过 85 端子后流经喇叭继电器线圈后到达 86 端子然后到达喇叭按钮,最后搭铁,形成一个完整回路;此时,喇叭继电器的开关被吸合,蓄电池的电流流经点火开关至喇叭保险丝然后到达喇叭,最后经喇叭继电器的开关到达负极,此时喇叭响起。

三、汽车喇叭不响的故障检修

汽车喇叭在使用中最常见的故障表现为喇叭不响、喇叭长鸣、喇叭变音、喇叭音量小及喇叭时响时不响等现象。如图 8-4 所示为某车型汽车喇叭控制电路。

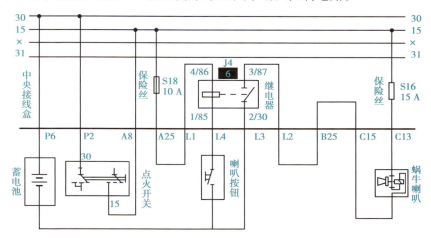

图 8-4　某车型汽车喇叭控制电路

1.故障原因

由图 8-4 电路分析可知,造成汽车喇叭不响的原因可能为:

（1）喇叭按钮故障。

（2）汽车喇叭线路故障。

（3）汽车喇叭本体等故障。

汽车喇叭常见故障分析与诊断见表 8-1。

表 8-1　汽车喇叭常见故障分析与诊断

故障现象	原因分析	诊断思路
喇叭不响	电路故障:保险丝烧坏,继电器、喇叭按钮故障,搭铁不良	检查电路,检查保险丝、继电器,清洁、紧固搭铁
喇叭长鸣	喇叭按钮故障; 喇叭继电器故障; 喇叭线路故障	检查喇叭按钮有无卡死; 喇叭继电器是否烧结; 喇叭线路是否正常
喇叭变音	喇叭本体故障	检查喇叭膜片是否破裂、喇叭触点是否烧蚀、喇叭铁芯间隙是否过大
喇叭音量小	喇叭本体故障,喇叭电源故障	检查蓄电池电压是否过低,喇叭触点是否烧蚀、氧化

续表

故障现象	原因分析	诊断思路
喇叭时响时不响	喇叭本体故障,喇叭线路、喇叭继电器故障	检查喇叭继电器、喇叭按钮、喇叭等处导线是否松脱,接触是否不良

2.故障诊断流程

要迅速找到故障部位,合理的故障诊断流程可达到事半功倍的效果。汽车喇叭故障诊断流程见表8-2。

表8-2　汽车喇叭故障诊断流程

项　目	操作步骤
(1)问诊	通过对车主的询问,了解故障症状,为后面的诊断工作提供翔实的第一手资料
(2)功能检查	①通过功能检查,确定故障是否属实; ②接通点火开关,操作喇叭按钮,检查喇叭声响情况
(3)目测检查	检查是否有明显损坏的部件
(4)电路分析	①查阅维修手册,将汽车喇叭控制电路图进行拆画; ②根据拆画的电路图进行故障分析; ③找出可疑的故障点; ④提出假设,确定检查项目
(5)修复验证	①对可疑的故障点进行检测并修复; ②对修复后的结果进行验证
(6)故障排除	如果证明假设的故障点不成立,重新提出新的假设,然后再去验证,直至将真正的故障点排除为止

【任务实施】

汽车喇叭不响故障的检修。

（1）制订合理的检修计划，完成表8-3的填写。

表8-3　检修计划表

安全项目		措　施
工作安全	着装	
	场地	
	工具与设备	
	防火	
	电气设备	
	其他	
所需工量具		
"5S"		

（2）根据诊断流程，结合检修工作计划，对汽车喇叭系统进行检修。

①问诊并操作喇叭按钮（见图8-5）。

通过问诊和操作，完成对故障车辆喇叭故障的检查，以确认故障的真实性。

图8-5　喇叭按钮

②根据功能检查情况，确定检测项目，并完成表8-4的填写。

表8-4　项目检测表

检测项目	检测内容（在需要的检测项后打"√"）
电路的检测	电源□　保险丝□　喇叭继电器□　搭铁□　点火开关□　连接电路□
元件的检测	喇叭按钮□　喇叭本体□

③按要求对确定的检测项目进行拆卸和检测。

【任务评价】

（1）完成表8-5的评价项目，并填写。

表8-5　学习评价表

评价内容	记录要点
本次学习任务中,你主要完成了哪些内容	维修手册的正确使用□　电路图的拆画□　电源的检测□　保险丝的检测□　继电器的检测□　点火开关的检测□　喇叭按钮的检测□　喇叭的检测□　电路的检测□　喇叭的更换□
本次学习任务中,你还存在什么问题	
如何判断喇叭是否损坏	
在学习过程中,你采取了哪些安全措施,请举例	

（2）若故障现象为喇叭音量小,请分析引起该故障的原因,并叙述如何排除故障。

【任务拓展】

汽车喇叭的正确使用方法

1.遇行人第一反应不应是按喇叭

设想一下这样的场景,一位老人在横穿马路时,刚好有一辆车开过来。如果司机远远看到老人时第一反应不是踩刹车降低车速,而是狂按喇叭想阻止老人继续横穿马路,然而老人听力不好,没有听到喇叭声,当司机发现老人还是继续前行的时候才意识到危险,而此时踩刹车已经来不及了。像上述司机的这种处理方式其实是普遍存在的。在发现有行人突然横穿马路时,不管对方是否违规,我们首先需要做的第一件事就是立即踩刹车降低车速,再用喇叭提醒对方。注意,千万不能先按喇叭要求对方主动来避让你。

2.前方遇行人或非机动车慎用喇叭

在平时开车过程中,我们经常会遇到需要尾随行人或自行车的情况,特别是在一些小区内或者道路较窄的老城区,由于交通设施的不发达以及道路较窄,经常出现行人和机动车抢道的情况,这种情况更需要慎用喇叭。如果前面的行人或自行车一直都没有察觉,则要注意不要长按喇叭,而应用短按一声来提醒对方。

3.小区内尽量不用喇叭

特别是在夜晚会车时,经常有驾驶员要按喇叭,遇前面有人也要按喇叭,甚至用喇叭来与楼上的朋友打招呼、喊人等,这些行为确实非常扰民。

4.遇堵车或前车避让其他车辆、行人时不按喇叭

在平时开车过程中,我们经常能遇到因避让其他车辆而引起的短暂拥堵,如前车掉头、倒车或者出租车下客等都可能会占道而不得不停下来等待,这些情况就算你按坏喇叭道路也无法马上通行,又何必制造这些扰民的噪声呢?有时遇到新手司机掉头,如按喇叭反而会

使对方紧张,导致其动作更慢,也有可能因此而引发冲突。

在下列场合下需要使用喇叭:

在《中华人民共和国道路交通安全法实施条例》中有两条是与喇叭的使用有关的,因此在我们平时用车过程中也要依法使用喇叭,这样才能让行车更加安全。

(1)窄路超车需要按喇叭提醒,在一些乡间小路或山路等双向只有两车道的窄路段,我们在超车时通常都需要借用对向车道。这种情况在超车前建议先按喇叭提醒一下前车,避免出现意外。

(2)在山路急弯、坡道顶端等处需要按喇叭,特别是在一些外侧是悬崖的弯道,通常在过这些弯道时大多数人会不由自主地选择压线往路中央行驶,这时如果对向有来车则容易发生事故。在驶入弯道前提前按喇叭可提醒对向车注意不要违规压线行驶。如果在弯道前收到对向传来的喇叭提醒信号,也应按喇叭回应一下对方,这样双方都能知道有对向来车,做到心里有数,能规规矩矩地在自己的车道内行驶,以确保行车安全。

项目九 | 汽车中控门锁与防盗系统的检修

为了使汽车的使用更舒适和更安全，现代轿车多数都安装了中控门锁控制系统。汽车中控门锁系统是一种通过设在驾驶室门上的开关同时控制车门开启与关闭的装置。中控门锁在使用过程中会发生故障。作为汽车维修人员，有必要学会对中控门锁的检修。

任务分解图：

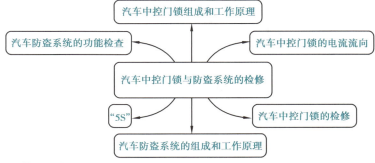

```
                    汽车中控门锁组成和工作原理
                              ↑
汽车防盗系统的功能检查                    汽车中控门锁的电流流向
              ↘                    ↙
              汽车中控门锁与防盗系统的检修
              ↗                    ↘
    "5S"                          汽车中控门锁的检修
                              ↓
                   汽车防盗系统的组成和工作原理
```

学习目标：
- 能叙述中控门锁的组成、作用及工作原理；
- 能识读常见车型中控门锁控制电路图；
- 能根据维修手册对引起中控门锁故障的原因进行分析；
- 能与同学合作制订合理的诊断与维修计划；
- 能按专业要求对常见中控门锁的故障进行检修。
- 能按专业要求对汽车防盗系统进行功能检查。

/学习任务一/　中控门锁总成的检修

中控门锁是现代汽车的重要组成部分。该系统让汽车的使用更安全和更方便。某车主反映，车辆在使用中，右前门锁无法关闭。作为维修人员，请按专业要求对中控门锁进行检查。

【知识准备】

一、中控门锁系统的组成以及各部分的功用

1.中控门锁系统的组成及安装位置

中控门锁系统一般由门锁开关、门锁控制器和门锁执行机构组成。系统零部件位置如图 9-1 所示。

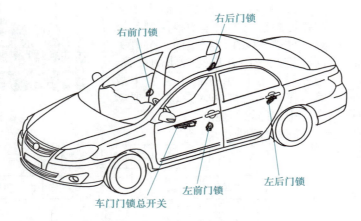

右后门锁

右前门锁

左前门锁

左后门锁

车门门锁总开关

图 9-1　中控门锁系统零部件位置

2.门锁执行器

门锁执行器用于拨动锁扣，完成门锁的锁止和开锁动作。门锁执行器有电磁铁式门锁执行器和电动机式门锁执行器两种形式。

● 电磁铁式门锁执行器：其结构如图 9-2 所示。电磁铁式门锁执行器有两个电磁线圈，分别用于门锁的锁止与开启。当锁止线圈通电时，衔铁带动锁扣连杆左移，门锁锁止；当开锁线圈通电时，衔铁带动锁扣连杆右移，门锁开启。

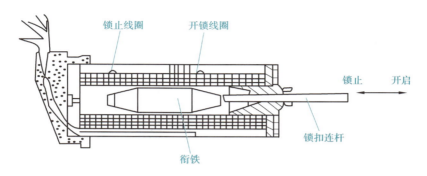

图 9-2　电磁铁式门锁执行器结构

●电动机式门锁执行器:其结构如图 9-3 所示。电动机式门锁执行器由门锁电动机和齿轮传动机构组成。门锁电动机为双向直流电动机,改变电流方向,电动机可正、反向旋转。门锁电动机通电旋转,带动齿轮传动机构,实现门锁锁止和开锁。

图 9-3　电动机式门锁执行器结构

3.门锁开关

门锁开关包括门锁钥匙开关、门锁控制开关(中控门锁开关、车门门锁开关)等。

●门锁钥匙开关:一般设在前车门门锁上,从车外通过钥匙开启和锁止门锁,如图 9-4 所示。

图 9-4　门锁钥匙开关

图 9-5　门锁控制开关

●门锁控制开关:包括中控门锁开关和车门门锁开关,安装在车门扶手上。中控门锁开关由驾驶员操作,集中控制各门锁的锁止和开锁;车门门锁开关由其他乘员操作,控制单个车门门锁的锁止和开锁,如图 9-5 所示。

4.门锁控制器

由于门锁的锁止和开锁动作是短暂的,因此,采用门锁控制器来控制门锁执行器工作。门锁控制器用于短时间接通门锁执行器电路,控制门锁动作。常用的门锁控制器有晶体管式门锁控制器、电容式门锁控制器、车速感应式门锁控制器 3 种。

5.门锁机械连动机构

门锁机械连动机构如图 9-6 所示。中央门锁的执行机构(电机)与连杆联接后,即可实现开锁或闭锁的电动控制。

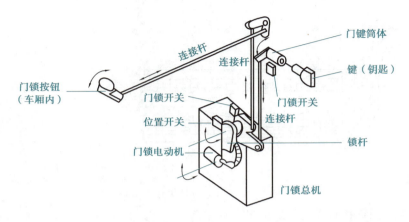

图9-6　门锁机械连动机构

6.钥匙遥控

如图9-7所示为钥匙门锁遥控器系统。在普通电子门锁的基础上增加手持遥控发射器（钥匙）、无线接收器、遥控门ECU等。

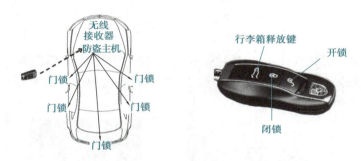

图9-7　钥匙遥控系统

二、汽车中控系统的工作原理

中控门锁的作用是通过电磁铁机构或电动机式机构来打开及锁止车门锁。它由门锁执行机构及联动机构、门锁控制开关、门锁控制继电器等组成。目前,高档车一般采用的是自动锁门式。它在可手动控制门锁开闭的基础上,还可根据汽车车速自动锁死车门。

中控门锁电路如图9-8所示。当门锁开关置于锁止（LOCK）位置时,门锁继电器线圈通电,触点闭合,门锁电磁铁中门锁线圈通电,电磁铁芯杆缩回,操纵门锁锁止车门;当门锁开关置于开启（UNLOCK）位置时,开启继电器线圈通电,触点闭合,门锁电磁铁中开启线圈通电,电磁铁芯杆伸出,操纵门锁开启。在带自动门锁的汽车上,设有速度传感器和电子控制线路。当汽车车速达到设定数值时,电子控制电路使门锁继电器线圈通电,而自动锁止车门。

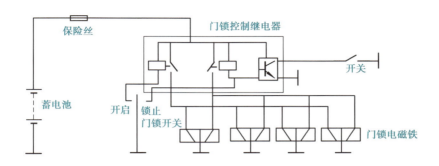

图 9-8　中控门锁电路

汽车中控门锁在使用中最常见的故障表现为:通过主开关,驾驶员侧车门锁不能操作所有车门的锁止/解锁;仅驾驶员侧车门锁止/解锁功能不正常;仅左后车门锁止/解锁功能不正常;防止钥匙锁在车内功能不正常等现象。如图 9-9 所示为某车型汽车中控门锁控制电路。

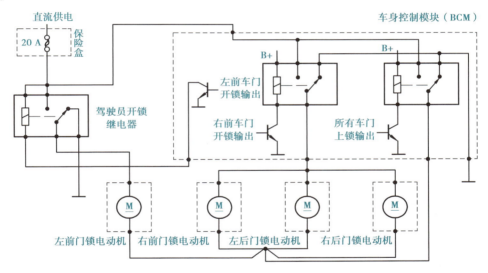

图 9-9　某车型汽车中控门锁控制电路

1.故障原因

从图 9-9 电路分析可知,造成驾驶员侧车门锁不能操作所有车门锁止/解锁的原因可能为:

(1)主开关总成故障。

(2)线束和连接器故障。

(3)中控门锁电源熔断丝故障。

(4)主车身 ECU 故障。

中控门锁常见故障分析与诊断见表9-1。

表 9-1　中控门锁常见故障分析与诊断

故障现象	原因分析	诊断思路
通过主开关,驾驶员侧车门锁不能操作所有车门的锁止/解锁	主开关总成故障;线束和连接器故障;中控门锁电源熔断丝故障;主车身 ECU 故障	检查熔断丝、主开关总成、线束和连接器,最后再检测主车身 ECU
仅驾驶员侧车门锁止/解锁功能不正常	分开关故障;线束和连接器故障;主车身 ECU 故障;驾驶侧门门锁电机故障	检查分开关、驾驶侧门门锁电机、线束和连接器,最后再检测主车身 ECU
仅左后车门锁止/解锁功能不正常	分开关故障;线束和连接器故障;主车身 ECU 故障;驾驶侧门门锁电机故障	检查分开关、左后门门锁电机、线束和连接器,最后再检测主车身 ECU
防止钥匙锁在车内功能不正常	主开关总成故障;主车身 ECU 故障;线束和连接器故障	检查主开关总成故障、线束和连接器故障,最后再检测主车身 ECU

2.故障诊断流程

要迅速找到故障部位,合理的故障诊断流程可达到事半功倍的效果。中控门锁系统故障诊断流程见表 9-2。

表 9-2　故障诊断流程

项　目	操作步骤
(1)问诊	通过对车主的询问了解故障症状,为后面的诊断工作提供翔实的第一手资料
(2)功能检查	①通过功能检查确定故障是否属实,是否还有哪些部件不能正常工作;②接通点火开关,操作中控门锁开关,检查各车门锁止/解锁情况
(3)目测检查	检查是否有明显损坏的部件

续表

项　目	操作步骤
（4）电路分析	①查阅维修手册,将中控门锁电路图进行拆画; ②根据拆画的电路图进行故障分析; ③找出可疑的故障点; ④提出假设,确定检查项目
（5）修复验证	①对可疑的故障点进行检测并修复; ②对修复后的结果进行验证
（6）故障排除	如果证明假设的故障点不成立,重新提出新的假设,然后再去验证,直至将真正的故障点排除为止

三、常用元件的电路检测

1.中央门锁控制器电源电路检修

（1）拆下中央门锁系统电源熔断器,用万用表检查两端,应为导通状态。若不导通,应更换熔断器。

（2）检查电源端子与搭铁之间的电压,正常电压值为蓄电池电压。若不正常,检查搭铁端子与地之间电阻值,正常值小于 1 Ω。若电阻正常而电源与搭铁端子之间电压不正常,应检查配线。

2.中央门锁执行器电路检修

1）门锁执行器检查

当车门锁开关压至开锁侧或锁门侧时,应听到车门锁电动机动作的声音。若没有声音,拆下车门内装饰板,拆下电动机连接器,将蓄电池正极接至电动机侧连接器,负极接另一端,正常情况下电动机应动作;再把蓄电池正负极反接到电动机连接器上,电动机应向相反的方向动作,若无此动作,则更换电动机。

2）电路检查

用试灯接在电动机连接器线束的两端,在按动门锁开关的过程中灯应闪亮。若试灯没有闪亮迹象,则检修中央门锁控制器和中央门锁开关。

【任务实施】

驾驶员侧车门锁不能操作所有车门的锁止/解锁的检修。

（1）制订合理的检修计划，完成表 9-3 的填写。

表 9-3　检修计划表

安全项目		措　施
工作安全	着装	
	场地	
	工具与设备	
	防火	
	电气设备	
	其他	
所需工量具		
"5S"		

（2）按表 9-4 的步骤，结合所学知识对门锁功能进行检查，记录检查结果，并完成表 9-4 的填写。

表 9-4　门锁功能检查

序　号	功　能	功能描述	实验结果
1	手动锁止和解锁功能	通过门锁控制开关操作锁止或解锁所有车门	□能实现此功能 □不能实现此功能
2	锁匙联动锁止和解锁功能	用锁芯的联动功能锁止或解锁所有车门	□能实现此功能 □不能实现此功能
3	手动解锁禁止功能	用电子锁匙或机械锁匙进行车门锁止操作后，将会禁止通过门锁控制开关进行解锁操作	□能实现此功能 □不能实现此功能
4	防止钥匙锁在车内的功能	当钥匙在车内（电子）或在锁芯里时，所有车门将解锁	□能实现此功能 □不能实现此功能

（3）根据功能检查情况，确定检测项目，并完成表 9-5 的填写。

表 9-5　项目检测表

检测项目	检测内容（在需要的检测项后打"√"）
电路的检测	电源□　保险丝□　主继电器□　搭铁□　点火开关□　连接电路□
元件的检测	中控门锁开关□　分控门锁开关□　门锁继电器□　门锁电机□

（4）按要求对确定的检测项目进行拆卸和检测。

【任务评价】

（1）完成表 9-6 的评价项目，并填写。

表 9-6　学习评价表

评价内容	记录要点
本次学习任务中,你主要完成了哪些内容	维修手册的正确使用□　电路图的拆画□　电源的检测□　保险丝的检测□　开关的检测□　电机的检测□　电路的检测□　门锁电机的更换□
本次学习任务中,主要还存在什么问题	
如何判断电机是否损坏	
在学习过程中,你采取了哪些安全措施,请举例	

（2）若故障现象为中控门锁开关不能锁止/解锁右后乘客侧车门,请分析引起该故障的原因,并叙述如何排除故障。

／学习任务二／　防盗系统的检查

汽车防盗系统是指为防止汽车本身或车上的物品被盗所设的系统。它由电子控制的遥控器或钥匙、电子控制电路、报警装置及执行机构等组成。最早的汽车门锁是机械式门锁,只用于汽车行驶时防止车门自动打开而发生意外,只起保障行车安全的作用,不起防盗作用。随着社会的进步、科学技术的发展和汽车保有量的不断增加,后来制造的轿车、货车车门都装上了带钥匙的门锁。这种门锁只控制一个车门,其他车门是靠车内门上的门锁按钮进行开启或锁止。

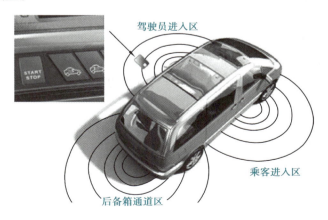

【知识准备】

一、防盗系统的分类

汽车防盗系统主要有机械式防盗系统、电子式防盗系统、机电结合的防盗装置、电子跟踪定位监控防盗系统 4 种类型。

1.机械式防盗系统

机械式防盗系统主要由车门锁、轮胎锁、转向盘锁、变速杆锁及制动器锁等机械锁组成,如图 9-10 所示。机械锁制造成本较低,机械式防盗系统虽然成本低,但因越来越不安全可靠而有被淘汰的趋势。

图 9-10　机械锁

2.电子式防盗系统

电子式防盗系统是目前轿车普遍应用的防盗系统,也称微机防盗系统。根据密码发射方式的不同,电子式防盗系统主要分为定码防盗器和跳码防盗器两种类型。

● 定码防盗器:它是早期的遥控式防盗器,主机与遥控器各有一组相同的密码,遥控器发射密码,主机接收密码,从而完成防盗器的各种功能。其缺点:因为密码量少,容易出现重复码,即发生一个遥控器控制多部车辆的现象;遥控器丢失后,若单独更换遥控器极不安全,除非连同主机一道更换,且费用过高;安全性差,密码易被复印或盗取,从而使车辆被偷。

● 跳码防盗器:遥控器的密码除了身份码和指令码外,又多了一个跳码部分,跳码就是密码按一定的编码函数,每发射一次,密码即变化一次。其优点:密码不会被轻易复制或盗取,安全性极高;主机无密码,主机通过学习遥控器的密码,从而实现与遥控器之间的相互识别;若遥控器丢失,可安全且低成本地更换遥控器;密码组合有上亿组,从根本上杜绝了重复码。

3.机电结合的防盗装置

机械式防盗装置坚固可靠,电子防盗装置编程密码难解,把两者的优点结合起来则构成了机电结合的防盗装置。

机电结合类防盗锁采用机械式锁坚固的优点,结合无线遥控操作,使机械式与电子编程密码技术合二为一。其目的是注重防盗,因而无报警的噪声污染,安装专业化强,因此破解也难。

4.电子跟踪定位监控防盗系统

电子跟踪定位监控防盗系统是随着卫星通信等高科技电子通信技术的发展而得以实现的,在技术上是先进、可靠的。它分为卫星定位跟踪系统(即简称 GPS)和车载台通过中央控制中心定位监控系统。

发达国家已开始试用,由于条件的限制,我国还没有正式批量使用。不过,随着智能交通和通信技术的发展,该技术在我国必将应用在汽车领域。

二、汽车防盗系统的组成

如图 9-11 所示为汽车电子防盗系统的组成。如图 9-12 所示为防盗装置在车辆上的布置图。当用钥匙锁好所有车门时,该系统处于约 30 s 检测时间报警状态。之后,系统中的指示器(通常为发光二极管-LED)开始断续闪光,表明系统处于报警状态。当车主用其钥匙开启门锁时,这种报警状态或报警运转解除。警报一般以闪烁灯或发声报警形式发出。警报发生后持续时间约为 1 min,但起动电路直到车主用车钥匙打开汽车门锁之前始终处于断路状态。

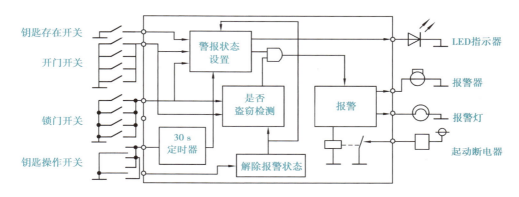

图 9-11　汽车电子防盗系统的组成

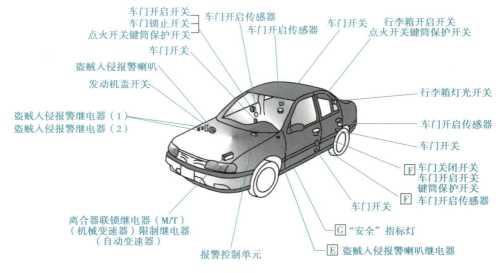

图 9-12　防盗装置在车辆上的布置图

三、防盗系统技术工作原理

当点火钥匙插入点火开关时,发射器钥匙 ECU 指令发射器钥匙线圈提供电磁能量,点火钥匙发射器芯片内的电容器将该能量储存起来,发射器芯片利用这一电能发射 ID 码信号。套在点火钥匙胆内的线圈接收到由发射器芯片发射的 ID 码信号并放大送入发射器

ECU，发射器钥匙 ECU 立即判断这个 ID 码是否与其内部存储的 ID 码一致。钥匙码的发射过程和接收过程如图 9-13 所示。

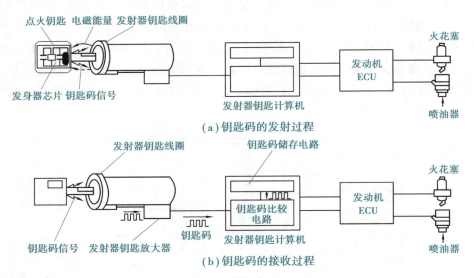

图 9-13　钥匙码的发射过程和接收过程

【任务实施】

对汽车防盗系统功能进行检查。

（1）制订合理的检查计划，并完成表 9-7 的填写。

表 9-7　检查计划表

安全项目		措　　施
工作安全	着装	
	场地	
	工具与设备	
	防火	
	电气设备	
	其他	
所需工量具		
"5S"		

（2）按表 9-8 的步骤，结合所学知识对汽车防盗系统功能进行检查，记录检查结果，并完成表 9-8 的填写。

表 9-8　防盗系统功能检查

工作步骤	工作完成情况
①开启全部车窗	工作是否完成： □是　□否
②按设定防盗系统,锁定前门时用点火钥匙,稍待至安全指示灯闪烁	工作是否完成： □是　□否
③伸手从车内开启一道车门,防盗系统将激活警报信号	防盗警报装置是否启动： □是　□否
④用点火钥匙开启其中一道前门,解除防盗系统	防盗警报装置是否解除： □是　□否
⑤重复以上操作,检测其他车门和发动机罩。检测发动机罩的同时,也检测电池电桩头拆下又装上后系统的激活反应	工作是否完成： □是　□否

【任务评价】

（1）完成表 9-9 的评价项目,并填写。

表 9-9　学习评价表

评价内容	记录要点
本次学习任务中,你主要完成了哪些内容	维修手册的正确使用□　汽车防盗系统组成的查找□　汽车防盗系统操作□　汽车防盗系统的功能检查□
本次学习任务中,主要还存在什么问题	
叙述汽车防盗系统的工作原理	
在学习过程中,你采取了哪些安全措施,请举例	

（2）若汽车防盗系统不能正常工作,请分析引起该故障的原因。

【任务拓展】

汽车钥匙匹配

1.何时需要做防盗器解码与钥匙匹配

①发动机起动 2 s 左右自动熄灭;车内防盗报警灯常亮不熄灭。

②在维修时,对车钥匙、防盗控制单元和发动机控制单元三者其一进行了更换。

③防盗系统自身出现了故障。

2.钥匙的匹配

汽车钥匙的匹配这项功能是清除以前所有合法钥匙的代码。必须使所有的汽车钥匙与防盗控制单元匹配,同时完成匹配程序。新配钥匙或是增加钥匙数最多不超过 8 把。如果遗失了一把合法钥匙,为安全起见,必须将其他所有合法钥匙重新完成一次匹配程序,这样才能使丢失的钥匙变为非法,不能起动发动机。匹配钥匙的程序必须先输入防盗密码。

钥匙匹配方法如下(以金德 K-81 多功能故障检测仪对桑塔纳 2000 进行钥匙匹配为例,密码为 05724):

①连接上解码器,打开点火开关。

②操作步骤如下:

第一步:选择"汽车检测"并按确认键

↓

第二步:选择"故障测试"并按确认键

↓

第三步:选择"中国车系"并按确认键

↓

第四步:选择"大众/奥迪检测系统"并按确认键

↓

第五步:选择"防盗系统"并按确认键

↓

第六步:选择"登录"并按确认键

↓

第七步:输入密码号"05724"并按确认键

↓

第八步:输入通道号"21"并按确认键

↓

第九步:输入匹配钥匙数"00003"并按确认键

此时,在汽车点火锁上的这把钥匙匹配完毕,关闭点火开关,拔除钥匙;然后插入下一把钥匙,将点火开关转到"ON"位置,停留 1~2 s,钥匙会被自动设置和匹配。再关闭点火开关,拔出钥匙。全部钥匙的匹配不能超过 30 s。顺利完成后警示灯会亮 2~3 s,然后闪烁一下熄灭,表示匹配成功。

项目十 | 其他电气设备的检修

随着汽车工业的发展,汽车使用的舒适性得到了很大的提高。在汽车上,还有很多其他的辅助电气设备,如电动后视镜、电动座椅和汽车音响等都得到了广泛的应用。

辅助电气设备在使用过程中容易出现故障。作为汽车维修人员,有必要学会对汽车辅助电气设备的检修。

任务分解图:

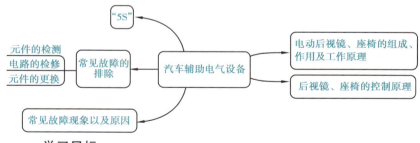

学习目标:

- 能叙述电动后视镜、电动座椅的组成、作用及工作原理;
- 通过查阅维修手册,能独立完成系统的元件更换;
- 能识读电动后视镜、电动座椅的控制电路图;
- 能根据维修手册对引起故障的原因进行分析;
- 能与同学合作制订合理的诊断与维修计划;
- 能按专业要求对常见故障进行检修。

学习任务一 / 电动后视镜的安装与检修

为了保证汽车行驶的安全性,在汽车上都安装有后视镜。驾驶员可在驾驶位很方便地通过操纵电动开关,自动控制汽车后视镜的转动,提高操作的便利性。某车主反映,车辆在使用过程中,左前后视镜无法调整。作为维修人员,请按专业要求对左前后视镜进行检查。

【知识准备】

一、后视镜的作用、组成及各部分的功用

1.电动后视镜的组成及安装位置

电动后视镜是指车外两侧的后视镜,在需要调节视角时驾驶员可不必下车,而在车内通过电动按钮进行调节。其组成及安装位置如图 10-1 所示。

左右控制开关　　后视镜调整开关　　后视镜总成

图 10-1 电动后视镜组成及安装位置

2.后视镜总成的组成

后视镜总成由外壳、镜面、两个可逆的转向电机(一个负责上下转动,另一个负责左右转动)以及传动机构组成,如图 10-2 所示。

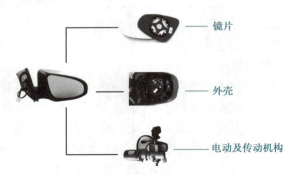

镜片

外壳

电动及传动机构

图 10-2 后视镜总成的组成

3.后视镜的控制开关

汽车后视镜控制开关的作用是控制上下、左右两个可逆电机电流的方向。控制开关如图 10-3 所示。

图 10-3　后视镜控制开关

二、后视镜的工作原理

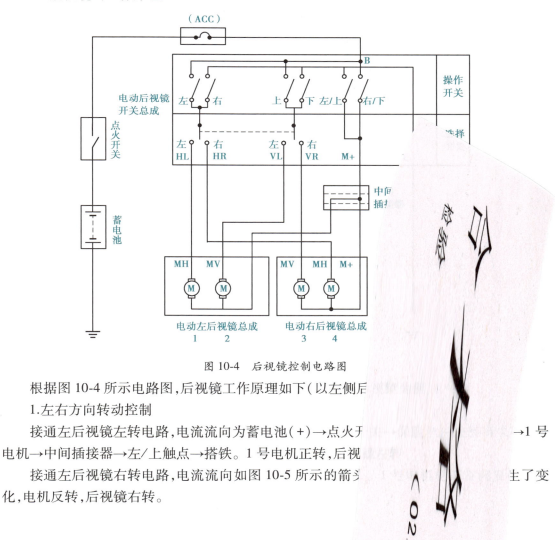

图 10-4　后视镜控制电路图

根据图 10-4 所示电路图,后视镜工作原理如下(以左侧后

1.左右方向转动控制

接通左后视镜左转电路,电流流向为蓄电池(+)→点火开　　　　　→1号电机→中间插接器→左/上触点→搭铁。1号电机正转,后视

接通左后视镜右转电路,电流流向如图 10-5 所示的箭　　　　　主了变化,电机反转,后视镜右转。

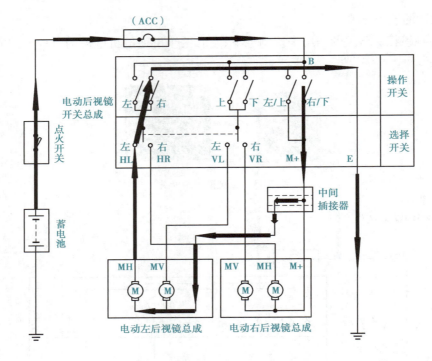

图 10-5 后视镜工作电流走向

2.上下方向转动控制

接通左后视镜上翻转电路,电流流向为蓄电池(+)→点火开关→保险丝→上转开关→2号电机→中间插接器→左/上触点→搭铁。2号电机正转,后视镜上翻转。

接通左后视镜下翻转电路,2号电机电流方向发生了变化,电机反转,后视镜向下翻转。

三、电动后视镜的安装与检测

车辆在使用中,当后视镜损坏时,需要对后视镜进行检测、更换与安装。

电动后视镜总成的检查与更换一般按表 10-1 的步骤进行。

表 10-1 后视镜的更换与检测

项　目	步　骤	图示及要点
电动后视镜的拆卸	①拆卸前门内把手框	见玻璃升降器门板拆装步骤
	②拆卸前门扶手座上面板	
	③拆卸前门装饰板分总成	
	④拆卸前门下门框支架装饰条	

续表

项　目	步　骤	图示及要点
电动后视镜的拆卸	⑤断开连接器	
	⑥拆下 3 颗联接螺栓	
	⑦拆下后视镜总成	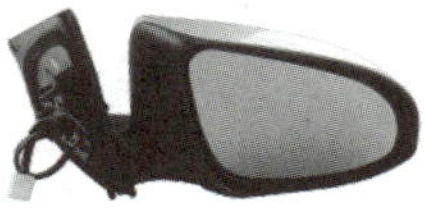
后视镜的检测	施加蓄电池电压检查	

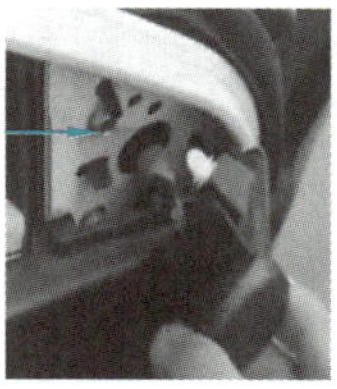

蓄电池（＋）→端子 3	上翻
蓄电池（－）→端子 7	
蓄电池（＋）→端子 7	下翻
蓄电池（－）→端子 3	
蓄电池（＋）→端子 6	左转
蓄电池（－）→端子 7	
蓄电池（＋）→端子 7	右转
蓄电池（－）→端子 6	

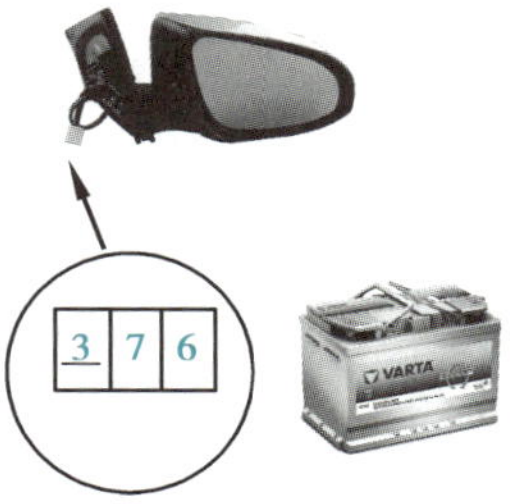

电动后视镜的安装	按与拆卸相反的步骤进行安装

★小提示

不同车型的拆装步骤有差异，可参照维修手册。

【任务实施】

对电动后视镜功能进行检查。

（1）制订合理的检查计划，并完成表10-2的填写。

表10-2 检查计划表

安全项目		措　施
工作安全	着装	
	场地	
	工具与设备	
	防火	
	电气设备	
	其他	
所需工量具		
"5S"		

（2）按表10-3的步骤，结合所学知识对后视镜功能进行检查，记录检查结果，并完成表10-3的填写。

表10-3 后视镜功能检查

项　目	工作步骤	工作完成情况
电动后视镜开关的认识与查找	在车上或实训台架上找到电动后视镜的控制开关	控制开关的位置： 左前门□　右前门□ 驾驶室中控台□
电动后视镜基本功能的检查	①将点火开关钮至"ACC"或"ON"位置； ②操纵电动后视镜开关到"L"（左边）位置或到"R"（右边）位置； ③操作上下、左右功能开关	检查后视镜是否上下或左右转动（正常打"√"，异常打"×"）：<table><tr><td rowspan="2">L</td><td>上下</td><td></td></tr><tr><td>左右</td><td></td></tr><tr><td rowspan="2">R</td><td>上下</td><td></td></tr><tr><td>左右</td><td></td></tr></table>
检查结果描述		

> ★**小提示**
>
> 　　当车辆部件出现故障时,一般均采用更换总成的维修方法进行维修。

　　(3)根据检测结果,对电动后视镜总成进行更换。

【任务评价】

　　(1)完成表10-4的评价项目,并填写。

表10-4　学习评价表

评价内容	记录要点
本次学习任务中,你主要完成了哪些内容	维修手册的正确使用□　电动后视镜开关的操作□　电动后视镜总成的更换□　后视镜电动机的检测□
本次学习任务中,主要还存在什么问题	
叙述电动后视镜的工作原理	
在学习过程中,你采取了哪些安全措施,请举例	

　　(2)如何判断电动后视镜的好坏?

【任务拓展】

后视镜电动折叠

　　车辆在行驶过程中难免发生一些意外事故,后视镜作为安装在车辆最外侧的零部件,在相同的情况下,最易受到冲击。为了最大限度地避免擦伤,有些车的后视镜带有折叠功能,如图10-6所示。具有折叠功能的后视镜在通过狭窄路段时可以收缩起来,提高了车子的通过性。在驾驶员离开车子时,也可把后视镜折叠起来,不仅可保护镜面,还可缩小占用的停车泊位空间,有效地避免了刮蹭。

图10-6　电动折叠后视镜

| 学习任务二 / 电动座椅的安装与检修

为了提高汽车乘坐的舒适性,现代轿车都安装有电动座椅。通过对汽车座椅的前后、靠背的角度以及头枕的高度等作电动调节,从而使驾驶员和乘客的座椅获得理想的位置。电动座椅在使用过程中会发生故障。作为汽车维修人员,有必要学会对电动座椅的检修。

【知识准备】

一、电动座椅的组成及各部分的功用

1.电动座椅的组成

电动座椅主要由双向直流电动机、传动装置和座椅调节器等组成,如图 10-7 所示。

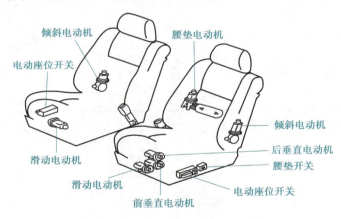

图 10-7　电动座椅的结构

2.双向直流电动机

进行前后移动控制的电动座椅装有一个双向直流电动机(见图 10-8),在前后移动基础上还可升降的四向移动座椅装有两个双向电动机,除具有前后移动和上下升降功能外,座椅前端或后端还可分别升降的六向移动座椅装有 3 个双向电动机。遥控电动座椅甚至装有 4 个以上的双向电动机,除能保证六向移动的功能外,还能调整头枕高度、倾斜度、座椅长度及扶手位置等。直流电动机内装有断路器,可防止过载烧坏直流电动机。

图 10-8　双向直流电动机

3.传动装置

电动座椅的传动装置主要由变速器（蜗轮蜗杆）、联轴装置和齿轮齿条等组成。其作用是把直流电动机产生的旋转运动转变为座椅的位置调整。

电动座椅前后调整传动机构如图 10-9 所示。它由蜗杆、蜗轮、齿条及导轨等组成。齿条装在导轨上。调整时,直流电动机产生的力矩经蜗杆传至两侧的蜗轮上,经齿条的带动使座椅前后移动。

电动座椅上下调整传动机构如图 10-10 所示。它由蜗杆轴、蜗轮和心轴等组成。调整时,直流电动机产生的力矩带动蜗杆轴,驱动蜗轮转动,使心轴在蜗轮内旋进或旋出,带动座椅上下移动。

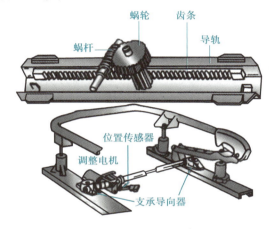

图 10-9　电动座椅前后调整传动机构

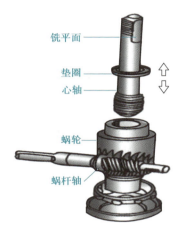

图 10-10　电动座椅上下调整传动机构

4.座椅调节器

座椅调节器又称座椅调节开关,汽车电动座椅调节开关包括前倾开关、后倾开关和四向开关（即上下和前后）,如图 10-11 所示。电动座椅调节开关一般安装在座椅旁边,有的安装在车门上。

图 10-11　电动座椅调节开关

二、电动座椅的工作原理

1.普通电动座椅系统的工作原理

普通电动座椅系统是由开关直接控制电动机的旋转方向而实现座椅的各项调节的,如图 10-12 所示。

2.自动控制电动座椅系统的工作原理

自动控制电动座椅由信号部分、电气控制部分和执行机构组成。

当操纵手动控制开关时,电控单元根据该信号,控制电动机驱动执行装置来实现座椅位置的调整。这种电动座椅带有记忆功能,它能将调节后的位置记录下来,作为以后自动调节的基准。驾驶员需要调节时,只要一按开关就可自动调节到理想的位置。其工作原理如图 10-13 所示。

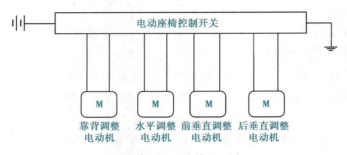

图 10-12　普通电动座椅的工作原理

图 10-13　自动控制电动座椅系统工作原理

　　带存储功能的电动座椅采用了微机控制。它能将选定的座椅调节位置进行存储,只要按指定的按键开关,座椅就会自动地调节到预先选定的座椅位置上。其系统控制示意图如图 10-14 所示。

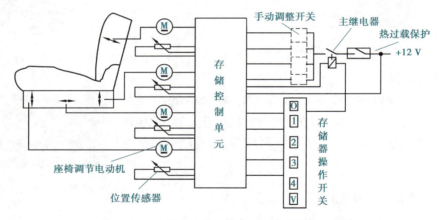

图 10-14　带记忆功能电动座椅系统控制示意图

　　该系统有一个存储器,存储装置通过 4 个传感器来控制座椅的调定位置。只要座椅位置调定后,驾驶员按下存储器的按钮,电子控制装置就把信号存储起来,作为重新调整位置时的基准。使用时,只要一按按钮,就能按存储的座椅位置的要求调整座椅位置。

★小提示

　　操作电动座椅开关时,为了防止长时间操作造成电动机通电时间过长,电流过载烧坏电动机,一般电动机都装有过载熔断器。

三、电动座椅常见故障及原因

汽车电动座椅在使用中最常见的故障表现为电动座椅完全不动作,以及电动座椅某个方向不能工作等现象。如图 10-15 所示为某车型电动座椅控制电路。

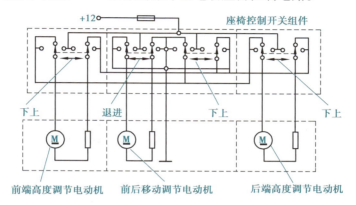

图 10-15　某车型电动座椅控制电路

由图 10-15 电路分析可知,造成座椅前后调节不能正常工作的原因可能为:

(1)电动座椅前后电动机故障。

(2)控制电动座椅前后的开关故障。

(3)控制电动座椅前后的线路故障。

电动座椅常见故障分析与诊断见表 10-5。

表 10-5　电动座椅常见故障分析与诊断

故障现象	原因分析	诊
电动座椅完全不动作	继电器故障; 熔断器断路; 线路断路; 座椅开关故障	检查座椅继□□正常。若继电□□应检查线路连□□查开关
电动座椅某个方向不能工作	该方向对应的电动机故障; 该方向对应的开关故障; 该方向对应的连接导线故障	先检查线路是□□测电动机通电情□□(是否有电压);□□电压)

四、电动座椅的更换

电动座椅在进行故障检修时,需要对电动座椅进行拆卸和安装。

电动座椅的拆卸和安装一般包括表 10-6 的步骤(以拆卸途观电动座椅□

表 10-6 电动座椅的更换

步　骤	图示说明
（1）拆卸工具准备 先准备拆卸前座椅所要用到的工具,大棘轮一把,M10 花键一个	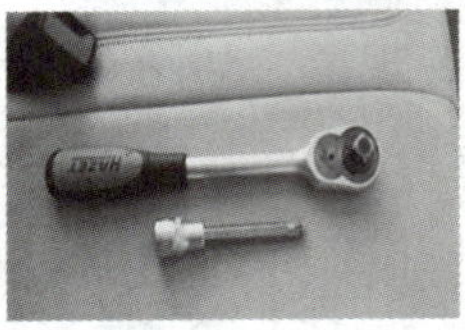
（2）调节前部座椅向后 先将座椅调到最后面,用手按住中间的黑色按钮;然后往后推,直到滑到最后为止	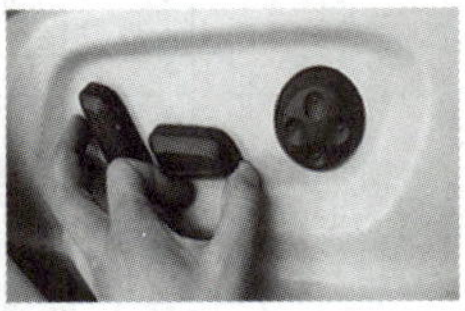
（3）拆卸前部螺栓 将座椅滑到最后,拆卸固定座椅前部的螺栓,左右一共有两颗,取出大棘轮,配上 M10 花键,将这两条螺栓拆卸下来	 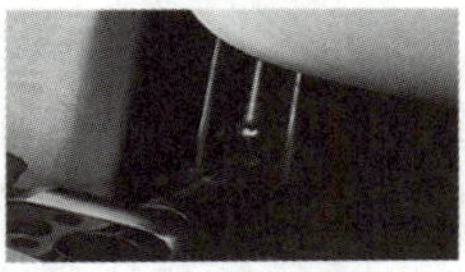
（4）将座椅调到最前面,拆卸后部固定的螺栓 用手按住调节前座椅前后的按钮,往前推,直到滑到最前面;取出大棘轮,配上 M10 花键,将这两根螺栓拆卸下来	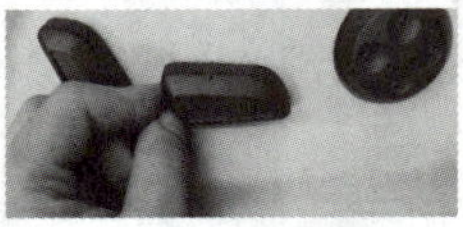 
（5）松开控制座椅的线束 将座椅向后放倒,找到连接线束,将连接线束插头逐一拔掉,一共有 3 个	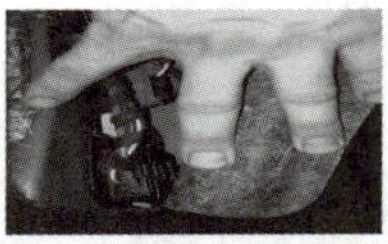 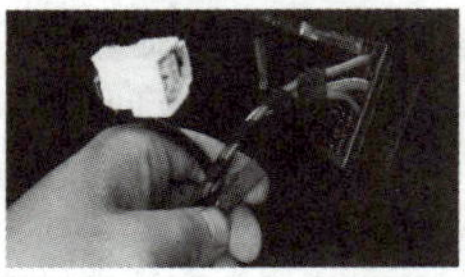
（6）取出座椅 座椅拆卸完,将座椅取出 注意:取出座椅时,一定要慢一点,避免座椅将车内的一些装饰板划伤	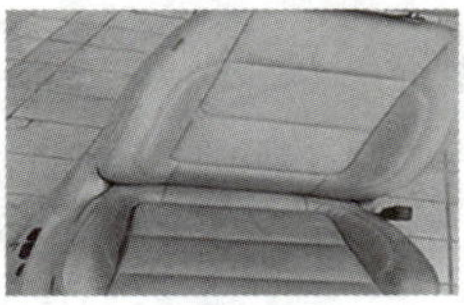
更换后按与拆卸相反的顺序进行装配与安装	—

★小提示

不同电动座椅的拆装有一定的差别,在车辆的维修手册上一般都有详细的拆装步骤,可通过查阅维修手册进行拆装与更换。

【任务实施】

对实训车辆电动座椅进行检修。

(1)制订合理的检修计划,并完成表10-7的填写。

表 10-7　检修计划表

安全项目		措　施
工作安全	着装	
	场地	
	工具与设备	
	防火	
	电气设备	
	其他	
所需工量具		
"5S"		

(2)按表10-8的步骤,结合所学知识对电动座椅进行功能检查,并完成表10-8的填写。

表 10-8　电动座椅的功能检查

项　目	工作步骤	工作完成情况
电动座椅开关的认识与查找	在车上或实训台架上找到电动座椅的调节开关 座椅高度调节开关 前高度　后高度 座椅靠背调节开关 座椅前后调节开关　腰垫调节开关	座椅调节开关的位置: 左前门□　右前门□　左后门□ 右后门□　座椅旁边□

续表

项　目	工作步骤	工作完成情况
电动座椅基本功能的检查	将点火开关钮至"ON"位置：操纵电动座椅的调节开关 座椅高度调节开关 前高度　后高度　座椅靠背调节开关 座椅前后调节开关　腰垫调节开关	检查电动座椅是否正常工作：（正常打"√"，异常打"×"） <table><tr><td rowspan="2">头枕开关</td><td>前进</td><td></td></tr><tr><td>后退</td><td></td></tr><tr><td rowspan="2">倾斜开关</td><td>向上</td><td></td></tr><tr><td>向下</td><td></td></tr><tr><td rowspan="2">垂直开关</td><td>向上</td><td></td></tr><tr><td>向下</td><td></td></tr><tr><td rowspan="2">滑动开关</td><td>前进</td><td></td></tr><tr><td>后退</td><td></td></tr></table>
电动座椅储存和复位的功能检查	按 M,1,2 或 3 就可储存现在的座椅位置 1号储存按钮　3号储存按钮 M 1 2 3 STOP 记忆按钮　2号储存按钮　取消储存按钮	储存功能是否正常：□ （正常打"√"，异常打"×"）
	按 1,2 或 3 就可回到储存的座椅位置 1号储存按钮　3号储存按钮 M 1 2 3 STOP 记忆按钮　2号储存按钮　取消储存按钮	复位功能是否正常：□ （正常打"√"，异常打"×"）
检查结果描述		

（3）根据功能检查情况，确定检测项目，并完成表 10-9 的填写。

表 10-9　项目检测表

检测项目	检测内容（在需要的检测项后打"√"）
电路的检测	电源□　保险丝□　主继电器□　搭铁□　点火开关□　连接电路□
元件的检测	电动座椅开关□　座椅靠背电动机□　座椅前后电动机□　腰垫电动机□　座椅高度电动机□

（4）按要求对确定的检测项目进行拆卸和检测。

【任务评价】

（1）完成表 10-10 的评价项目，并填写。

表 10-10 学习评价表

评价内容	记录要点
本次学习任务中，你主要完成了哪些内容	维修手册的正确使用□ 电动座椅开关认识和查找□ 电动座椅开关的操作□ 电动座椅储存和复位功能检查□ 电路图的拆画□ 电源的检测□ 保险丝的检测□ 座椅开关的检测□ 座椅电动机的检测□ 电路的检测□ 座椅的拆卸和安装□ 座椅电动机的更换□
本次学习任务中，主要还存在什么问题	
叙述电动座椅的工作原理	
在学习过程中，你采取了哪些安全措施，请举例	

（2）思考并回答以下问题：

①要调节电动座椅，点火开关应处于什么位置？

②若电动座椅移动到极限位而开关还未松开，电动机是否会一直转动直至松开开关才停转呢？若是这样，电动机会出现什么问题？应如何解决该问题？

3.若故障现象为电动座椅完全不动作，请分析引起该故障的原因，并叙述如何排除故障。

【任务拓展】

1.电动座椅应满足的要求

作为提高汽车使用舒适性的电动座椅（见图 10-16），在实际使用中的要求越来越高。具体主要体现在以下 6 个方面：

图 10-16 汽车电动座椅

①座椅在车厢内的布置要合适，尤其是驾驶员的座椅，必须处于最佳的驾驶位置。

②按人体工程学的要求，座椅必须具有良好的静态与动态舒适性。其外形必须符合人体生理功能，在不影响舒适性的前提下，力求美观大方。

③座椅应采用最经济的结构,尽可能地减小质量。

④座椅是支承和保护人体的构件,必须十分安全、可靠,应具有充分的强度、刚度与耐久性。对可调的座椅,要有可靠的锁止机构,以保证安全。

⑤座椅应有良好的振动特性,能吸收从车厢地板传来的振动。

⑥座椅应具有各种调节机构,以使不同驾驶员、乘客在不同条件下获得最佳位置和提高乘坐舒适性。座椅最多有 8 种调节功能,分别是:座椅的前后调节(调节量为 100 ~ 160 mm)、座椅的上下调节(调节量为 30~50 mm)、座位前部的上下调节、靠背的倾斜调节、侧背支承调节、腰椎支承调节、靠枕上下调节及靠枕前后调节。

2.汽车辅助设备的发展

汽车辅助电气设备有日益增多的趋势,主要向舒适、娱乐和保障安全等方面发展。汽车空调、汽车音响、通信器材、汽车电视及 GPS 导航等服务性设备在汽车上都得到了广泛的应用。倒车雷达等设备的发展,大大提升了汽车的使用和服务功能。

1)车载导航

图 10-17　车载导航

(1)在车载环境下,支持实景导航(需要硬件支持)结合摄像头实时采集车外道路实景,利用 GPS 信号实时定位车辆位置,方向指示标示直接实时叠加在实景画面上,进行非常直观的画面导航,如图 10-17 所示。

(2)沿路检索功能

支持沿规划路线两侧 500 m 范围内常用 POI 类型检索,并清晰地显示 POI 点在规划路线的左边还是右边。检索旅途中吃饭、住店、加油及停车等位置,大多数导航都有这种功能。

(3)车道信息指示

提前告知前方车道数量和转向信息,并依照规划的路线提示车主可以选择行驶的车道,避免违规或者绕路的困扰。

(4)电子眼数据单独升级

它是行车过程中的一个非常实惠和有用的功能。

2)倒车雷达

多数高端车有倒车雷达和倒车影像,能帮助车主观察后视的情况。有些更为高端的车,在停车时为了帮车主把控好前方距离,车前端也配有雷达或影像。前方雷达最主要的作用是辅助泊车。倒车雷达是汽车驻车或者倒车时的安全辅助装置,能以声音或者更为直观的显示告知驾驶员周围障碍物的情况,能解除驾驶员驻车、倒车和起动车辆时前后、左右探视所引起的困扰,并帮助驾驶员扫除视野死角和弥补视线模糊的缺陷,如图 10-18 所示。

图 10-18　倒车雷达

参考文献

［1］吕丕华.汽车基础电器与电子系统检查与修理［M］.北京:中国三峡出版社,2014.

［2］巫兴宏.汽车电气设备与维修［M］.北京:高等教育出版社,2004.